阶段性成果获得全国国有企业财务管理优秀成果一等奖
上海市软科学研究计划重点项目（16692108300）资助
上海市高原学科管理科学与工程建设项目资助
上海市会计学会重点课题（SHKJ2018ZD01）资助
国家自然科学基金项目（71871144）资助

民用飞机航材价格管理研究

于谦龙　陈　林　著

企业管理出版社
ENTERPRISE MANAGEMENT PUBLISHING HOUSE

图书在版编目（CIP）数据

民用飞机航材价格管理研究/于谦龙，陈林著．-- 北京：企业管理出版社，2019.9

ISBN 978-7-5164-2016-4

Ⅰ. ①民… Ⅱ. ①于… ②陈… Ⅲ. ①民用飞机－航空材料－物价管理－研究 Ⅳ. ①F407.55

中国版本图书馆 CIP 数据核字（2019）第 186842 号

书　　名：民用飞机航材价格管理研究
作　　者：于谦龙　陈　林
责任编辑：郑　亮　黄　爽
书　　号：ISBN 978-7-5164-2016-4
出版发行：企业管理出版社
地　　址：北京市海淀区紫竹院南路 17 号　　**邮编：**100048
网　　址：http：//www.emph.cn
电　　话：编辑部（010）68701638　发行部（010）68701816
电子信箱：qyglcbs@emph.cn
印　　刷：河北宝昌佳彩印刷有限公司
经　　销：新华书店
规　　格：170 毫米 ×240 毫米　16 开本　6.75 印张　109 千字
版　　次：2019 年 9 月第 1 版　2019 年 9 月第 1 次印刷
定　　价：49.80 元

摘 要

我国大飞机产业起步较晚，其相关机型的客户服务存在产品成本不清晰、产品参照价格不明、产品体系不健全等问题，使得上述工作存在误区。选择飞机客户服务中具有同质性的主要产品——航材产品作为解决问题的切入点进行研究，将有助于问题的解决，早日实现国产大飞机的商业成功。

本书主要内容分为航材采购中的供应商审计理论与实践、航材产品价格调整的机理与案例分析、航材产品的服务模式与定价策略三部分。经过研究形成如下结论。

（1）航材采购中的供应商审计方法。

新件（首次购买航材）的价格审计，应采用新件与原件类似项目的匹配分析、标准成本还原分析（should - cost）方法。另外，还应抽取部分典型样本，由供应商进一步分解报价，以此进行核价。原件（非首次购买航材）的价格审计，买卖双方一般会使用调价公式的形式制约原件的价格变化幅度，因此，应根据调价公式审核航材产品价格变化的合理性。对于供应商外购成品件的价格审计，则可以在经过审核后接受供应商在其采购成本的基础上加收合理手续费的定价方式。

（2）航材产品价格调整的机理研究。

对于重复采购航材，鲜有文献对其调价机理进行深入分析。本书通过选取 A 公司 24 个不同航材的采购调价案例分析，发现调价公式中的人工费、材料费及不变成本的权重比例平均值分别为 0.53、0.41、0.06，这三部分的权重具体取值应该根据标的成本构成情况和行业惯例确定；基于调价公式的调价幅度基本上都存在拐点的设置，这与案例中的供应商所在国的 10 年期国债年利率水平有一定的关系。

（3）航材产品的服务模式与定价策略。

基于梳理国外重要航空制造公司的航材服务模式与定价原则，分析了客户服务框架下航材产品的定价特点和影响因素，提出了航材产品定价的基本模式，以及航材 FHS 服务模式与定价规则。

关键词：航材；供应商审计；调价；定价

目　录

1 绪 论

1.1 研究意义

大飞机是一个国家工业、科技实力的综合体现，被誉为“现代工业之花”；大飞机作为大国的“国家名片”，是“中国梦”的重要组成部分，对于推动科技、装备制造、相关服务的发展具有巨大的辐射带动效应。目前，波音、空客等国际主要大飞机制造商都将大飞机制造的配套服务作为一项非常重要的竞争力来源；大飞机制造配套服务主要有维修、培训、航材支援、飞行运行支援、技术出版物支持、金融服务等方面。选择我国从事大飞机客户服务的A公司作为主要案例进行研究，是基于它是对我国大飞机项目客户服务主要载体的考量。案例公司的大飞机项目客户服务每年财务支出数据庞大、复杂；要将公司每年的财务支出数据匹配到其对应的大飞机项目客户服务的产品成本中去，同时还要分配每一项产品的尚未被财务数据所全部覆盖的其他各类资源的耗用情况；这些海量数据信息，可谓“乱花渐欲迷人眼”。由于我国大飞机产业起步时间较晚，其相关客户服务存在产品成本不清晰、产品参照价格不明、产品体系不健全等问题，使得上述工作存在误区。选择案例公司大飞机项目客户服务中的具有同质性的主要产品——航材产品作为解决问题的切入点；梳理与挖掘航材产品在采购核价、成本测算、定价与调价过程中的共性特质与机理，将有助于遏制问题的累积与演化，有助于以点带面地解决问题，早日实现国产大飞机的商业成功。该项目的开展，将有助于提高国产大飞机的性价比优势，使我国该类产品逐步走出单一依靠价格低廉的比较优势陷阱；有助于推进其他航空工业类、培训类产品在采购核价、成本测算、定价与调价机制建设方面的理论与实践发展，进行该项目研究意义重大。

1.2 主要内容

（1）航材产品采购核价研究。采购核价相关研究综述，对于重复采购航材，通过案例分析，分析其涨价影响因子，分析涨价因子在基期至报告期的涨幅，判断航材涨价的合理区间。对于首次采购的航材，采用与其类似的已经采购的航材项目进行匹配分析、标准成本还原分析等方法分析首次采购航材的成本、平均利润率等价格影响因素。采购核价所取得的航材成本、平均利润率等价格影响因素，对航材采购价格谈判工作起到支撑作用，也为航材转卖给最终客户提供定价、调价的基础数据。

（2）航材产品价格调整的机理研究。对调价方面的相关文献进行综述，航材相关产品价格一般由材料费用、人工成本、利润确定。甄选与构建最适宜的反映材料费用、人工成本随时间变化的指数；利润可通过对比分析波音、空客等标杆企业的财务报表中的成本利润率来确定成本利润率取值的合理比例区间。由于分摊到产品中的一部分期间费用，其金额每年具有一定的稳定性。因此，在设计调价公式时，应该反映基期成本水平的一定比例不变，基期剩余的成本部分随着构建的价格指数而变化。基于案例公司存档的大量相关采购合同中的调价公式作为样本，分析调价幅度与人工成本、材料费用、资本成本等影响因子变化的相关关系，剖析调价的内在机理，给出最优调价公式的设计规制。

（3）航材产品定价能力建设。对定价，特别是服务业定价进行综述分析。阐述 A 公司航材分类方法及其相关产品类型。总结航材产品定价战略与原则，提出客服框架下的航材产品定价特点、影响因素与定价基本模式。

1.3 研究思路

研究技术思路如图 1－1 所示。

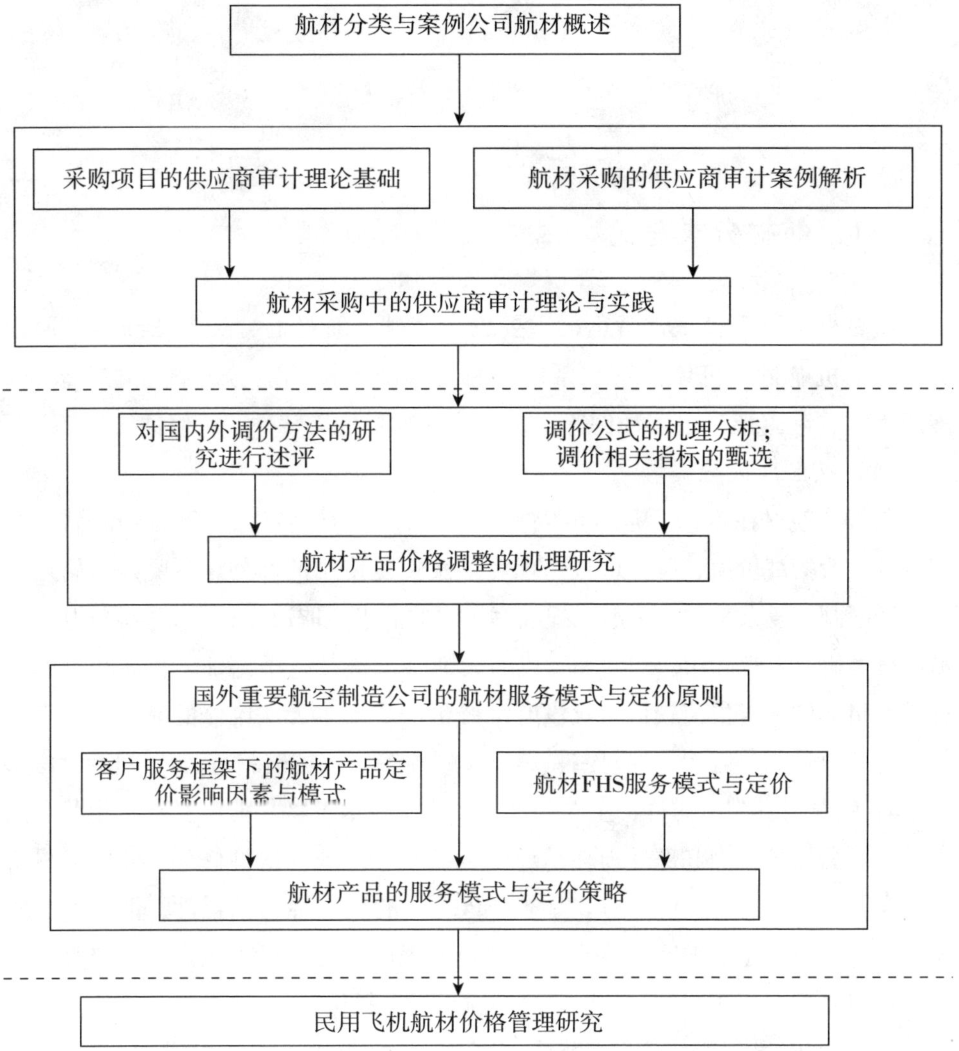

图 1－1 技术路线图

2 航材分类与A公司航材产品概述

2.1 航材分类总论

航材是保证飞机正常营运的重要物质基础。航材的分类方法众多，通常分为发动机航材、机体航材和系统航材三大类；按功能分为航空电子设备、液压系统、起落架、电器元件等；按价值分为高价周转件、可修件、消耗件。

（1）按照属性分类。

①按照航材在维修后是否可以重复使用，分为周转件、可修件和消耗件。周转件一般指高价值、可修理且修理后多次重复使用的部件，主要是指修理次数不受限制的复杂部件，一般无报废率，它的需求量取决于拆换率及修理周期，航材分类码（SPC）SPC＝2，如飞机的大部分机械及电子部件。与此相对的消耗件是指部件本身价值较低，且没有维修价值或根本无法维修的航材，这类部件种类及数量相当巨大，如封圈、螺钉、螺栓等。根据航材分类码（SPC），将SPC＝6的航材称为可修件，主要是指那些能从技术上将功能恢复到可用状态的部件，根据故障原因和部件损耗情况确定视情修理或一次性修理，此类航材价格较高。根据航材分类码（SPC），将SPC＝1的航材称为消耗件，消耗件也叫不可修件，主要是非循环件，具有“使用—报废”这样的特点。不可修复和可以修复但修理费用相对航材价格较高的航材为消耗件。

②按照安全级别即对飞机飞行安全的影响分类，体现为重要码（ESS）值，重要码是根据主最低设备（MMEL）确定的。NO GO：ESS值为1，表示该类航材缺少或故障情况下，飞机不适航，按照航空法规定不能放飞。GO IF：ESS值为2，表示该类航材缺少或故障情况下，飞机仍可以飞行。也称有条件放行。GO：ESS值为3，是指当飞机缺少go件的情况下，飞机仍可以放

飞；指在任何条件下，该类航材都不会影响飞机飞行。

③按照航材的状态，可分为全新件、大修件、维修件及不可用件。全新件指的是从厂家生产后未曾使用的部件。在部件证书上的状态一般标为 Manufactured、New 或 FN（Factory New）。大修件指的是经过维修厂大修（Overhauled）的部件。在部件证书上的状态一般标为 Overhauled。维修件指的是经过维修厂维修或测试的部件。在部件证书上的状态一般标为：Repaired 或 Tested。不可用件指的是由于某种原因，处于不可用状态的部件。

④按照航材是否存在使用寿命，可分为时控件和非时控件。时控件主要指厂家提供了设计使用寿命，装机后使用到规定的时间或规定的循环，必须拆下来进行检修。如大发起动机、轮毂、发电机及氧气瓶等。同时，时控件还包含库存寿命件，指可以在特定条件下存放，并且仍然符合规定要求的时间期限的材料。非时控件则没有寿命要求，视情更换。

（2）按照供应链环节分类。

因为航材数量的庞大，对航材分类是为了保证对航材的有效管理。根据供应链的不同活动，有各种各样的分类方法。即使对应某一类供应链活动，分类方法一般都从多维度进行分类。

对于采购环节，可按技术因素分类，如电子类、导航仪器类、液压装置类、厨房用品类、起落架、机身材料、复合材料等；也可按照供应商的等级分，如一类供应商、二类供应商等；还可按照航材的重要性分类，如核心件、系统件、消耗件等。

对于库存管理，可按航材生命周期分类，分为前期、成熟期、后期；按航材价格分类，分为贵、中等、便宜，按航材的供应风险分类，分为低、中、高；按航材的需求频率分类，分为高、中、低。

对于仓储管理，可对航材的储存要求分类，分为危险品、温度湿度敏感器件、光感器件、普通器件；按航材的出库频率分类，分为低、中、高；按航材的大小分类，分为小件、中型、大型航材。

2.2 A公司航材相关产品类型

（1）资料交付及培训类服务。

①航材供应资料交付。航材供应资料交付主要包括 ATA 类文件交付和非

ATA 类文件交付。ATA 类文件提供以固定格式文件形式列举的主制造商 AIPC 中机体和发动机的所有零部件信息。非 ATA 类文件根据客户的运营参数和要求，对航材进行客户化推荐，包括航线可更换件（LRU）、A 公司专利件、航线维修件（LMP）。

②RSPL（Recommended Spare Parts List）文件交付。RSPL 是根据客户的运营参数制定的客户化的文件，用于首批航材推荐时客户确定采购航材项目与数量。

③航材管理理论培训。航材采购与供应链管理基本理论、库存控制方法、库存计划制订、库房管理等的培训。

④RSPL 培训。对 RSPL 进行培训，包括 RSPL 的制作流程、格式、内容，以及一些解释。

（2）航材相关类服务。

①航材供应。客户可以通过 Web、E-mail、传真和电话等方式向航材支援中心订货，航材支援中心向客户提供部分紧固件、机体件半成品及其技术资料，所有表单格式统一，并符合《ATA SPEC 2000》等行业标准。

②航材送修。根据客户的申请和要求，代表客户与维修商谈判，并要求维修商对客户的航材进行维修。

③航材租赁。对于昂贵的、可维修的飞机航材，航材支援中心向客户提供航材租赁服务，提供可租赁航材清单、租赁价格等服务。

④航材交换。航材交换包括以下几种情况：根据客户交换订单的基本航材提供交换服务；在客户的故障件从飞机上拆下来之前，将可用件交付给客户；在客户送修件不能满足客户要求时限时提供交换件给客户。

⑤航材回购。根据"飞机购机合同"条款，客户可以将航材连同相关单据一同返还到航材支援中心，并注明申请退货、回购原因。航材支援中心将仔细检查返回航材，如出现质量问题，航材支援中心应立即采取相应补救措施。符合回购条件的航材，航材支援中心提供回购服务。

⑥航材索赔。在索赔期限内，客户可以通过 Web、E-mail、传真和电话等方式向航材支援中心提出有关航材的索赔申请，航材支援中心根据《购机协议》中的担保索赔条款，与客户协商一致后做出更换、修理、赔偿等担保措施。

⑦航材寄售。针对标准件、消耗件、化工品以及其他的价值高、高消耗率的航材，在客户端寄售，用后付费，定期结算。

⑧工具/GSE（Ground Support Equipment）租借。主要包括GSE、特殊维修工具、检查工具、测试工具、工装设备等的租借。

另外，结合航材的六大特性（局限性、保障性、先行性、波动性、服务性、隐含性）将A公司所生产客机的航材分为：第一类，可修件（Repairable Spare Parts）；第二类，消耗件（Expendable Spare Parts）。第一类可修件与消耗件有很大的不同，具有使用频率较低且规律性不强、可用性要求高、专用性强、单价高、生产周期长、寿期不确定等特点，管理难度相当大。第二类航材具有使用量大、使用频率较高、需求稳定等特点，易于管理。对第一类可修件的管理是航材管理的工作重点。

第一类航材管理水平的高低对航材制造商和航空企业的总体经营目标有着重要影响。根据航材的六大特性、使用寿命和经济性等属性对第一类航材再进行细分，形成A类航材、B类航材及C类航材三类。对于A类航材，可以根据平时的拆换率、送修周期、部件寿命等综合因素进行重点计划和控制；B类航材要严格按影响库存时限的科学流程进行一般管理；C类航材可以只实施一般性管理，可按总额灵活掌握。消耗件属于D类航材，主要使用电脑进行自动管理（如有需要可以辅以少量的人工管理），以提高管理的效率。

2.3 小结

进行合理的航材分类，是航材采购、调价、定价的基础。航材分类方法众多，可以从常用、功能、价值、属性、供应链等角度进行分类。

A公司航材相关产品类型有以下两类。

（1）资料交付及培训类服务：①航材供应资料交付。②RSPL（Recommended Spare Parts List）文件交付。③航材管理理论培训。④RSPL培训。

（2）航材相关类服务：①航材供应。②航材送修。③航材租赁。④航材交换。⑤航材回购。⑥航材索赔。⑦航材寄售。⑧工具/GSE（Ground Support Equipment）租借。

另外，结合航材的六大特性（局限性、保障性、先行性、波动性、服务性、隐含性）将A公司所生产客机的航材分为：第一类，可修件（Repairable Spare Parts）；第二类，消耗件（Expendable Spare Parts）。

3　航材采购中的供应商审计理论与实践

3.1　采购项目的供应商审计理论基础

3.1.1　供应商审计文献综述

Fitzpatrick（2005）提出了一个管理模型，其包括供应商审查、预合作协商、合作关系建立、合同管理、合同缔结后的供应商监管。Lerner 和 Merges（1998）以及 Lerner et al.（2003）认为制药企业研发外包过程中的控制权可划分为 25 种形式，其中，关键的控制权包括临床试验管理权、承担进程控制权、最终产品制造权、普遍市场销售权、市场独家销售权。Robinson 和 Stuart（2007）认为尽管在研发外包关系中制药企业拥有董事会席位远没有在风险投资中普遍——在 85 个研发外包合同中，只有 12 个合同（14%）规定制药企业拥有董事会席位，但对于这 12 个合同而言，几乎全部（11 个）是在研发的最初始阶段签订的。李靖等（2012）认为研发外包的过程中，委托方的控制权与其收益成正比。但越大的控制权所带来的成本也越大，因此，应该基于收益与成本做出最优的控制权配置；研发外包过程中的终止权、知识产权以及董事会席位是控制权的主要形式。王金妹和丛林（2013）发现在允许知识产权许可的研发外包中，将知识产权所有权授权给研发供应商，会增加供应商的收益，还会激励供应商提高研发水平，同时避免其泄露研发信息。沙利文和郎菲（2013）研究发现：一部分美国制造商在审核供应商时会采用自己的标准；另一部分供应商审核采用的标准是对供应商进行全方位考察，这类标准检查的是供应商如何控制质量、环境健康与安全、设计与生产过程、供应商自身的供应链等。

Caro（2015）等检验了两种审计机制对于供应商遵从度的影响：一种是多家买方对供应商进行联合审计，另一种是买方之间进行审计信息共享。联合审计是买方之间共担审计费用并且对失信的供应商进行集体惩罚；审计信息共享是各买方单独对供应商进行审计，但是共享彼此的审计报告。最后发现当买方审计成本比较低时，联合审计是帕累托改进的；当买方的审计成本中等时，共享审计是帕累托改进的；当买方的审计成本高昂时，独立审计是最务实的机制。

欧盟委员会在科研项目执行期间到项目结束后的五年内，均可以组织对项目进行财务审计；除财务审计外，还会对项目进行技术审计，包括项目工作计划的完成程度，成果的实现程度，技术、工业、艺术方面的潜在突破关系，项目进展与经济、效率、效益原则的一致程度等展开审计（干瑾，2014）。在国内，可对研发外包项目审计起指导作用的相关规章主要有：《国家科技计划和专项经费监督管理暂行办法》（国科发财字〔2007〕393 号）、《国防科技工业科研经费管理暂行办法》（财防〔2008〕11 号）等。现行有效法律法规没有对研发外包方是否有权对研发供应商进行审计做出明确的、强制性的规定，但有一些审核、评估之类的近似规定。例如，在财防〔2008〕11 号文的第四十八条规定中，违反规定使用科研经费，除依照《财政违法行为处罚处分条例》（国务院令第 427 号）的规定追究有关单位和人员的责任以外，视情况予以停拨经费，情节严重的可以终止项目、移送司法机关等（夏旭，2014）。

在实践中，来自国家或军队的科研经费，一般受有关主管部门的监督检查。但这种监督检查的法律性质，与工商、税务、海关等社会公共管理部门的行政监督或行政检查是有区别的，并非针对社会上不特定的当事人，而是针对承担项目的特定主体。从这个意义上，国家或军队并非以政府身份，而是以客户身份提出要求并进行监督检查的。只不过这个大客户的地位比较强势，而其强势的地位更多地来自订单金额的巨大和稳定。一般而言，企业成本资料等内部信息，是没有对外披露的义务的，但是双方自愿签订的合同可以对此做出约定，甚至可以约定研发供应商的成本记录虚假时，研发发包方可以采取相应措施。因此，对研发外包项目的经费管理权可以基于合同约定产生，即在合同中，订立针对经费的“有权管理（审计）条款”，明确供应商对所承担项目经费的被管理（审计）义务，并向研发外包方提供约定的材料以备审计。合同生效后，该“有权管理（审计）条款”对供应商产生法律约束力，供应商应当据其履行。

根据相关学者的研究可以得出结论：企业依据自己在供应链中的地位，有权且有必要使供应商接受审计，或者要求供应商接受其他方式的控制；对供应商的控制方式是多种形式的；对供应商审计的标准可以是自己制定的，或者采用更全面的标准。

3.1.2 采购项目的价格分解文献综述

祝尔坚（2012）等对军事装备采购价格机理进行了梳理：①在国家军品免税政策下，军事装备采购价格由装备生产成本和企业利润两部分组成。②以生产成本为基础的多种情形采购定价规则：对于研制生产和使用维护一体化的装备采购，其采购价格包括论证、预研、型号研究、试制和使用维护等费用分摊到批量生产的装备的费用；对于定型生产不含使用维护成本的装备采购，采购价格就是装备生产环节的成本、税费和利润；对于市场化的装备采购，装备价格可以包括研制成本和生产成本，也可以包括售后的装备使用维护成本等。③军事装备全寿命价格：全寿命价格是以装备生成使用总成本为基础的市场价格表现形式；全寿命装备采购价格包括装备的研制、生产、维护、退役和采办等的全寿命成本费用。④军事装备采购类型对价格的影响：军事装备采购具有新研和定型两种类型；新研装备采购价格内包含分摊的研制费用，其价格往往高于定型装备的价格；定型装备有生产加工和组装合成两种情况，如果采购生产加工型装备，则其采购价格是承制企业生产装备时所耗费的相应成本加利润；如果采购组装合成型装备，则采购价格包括承制企业生产装备时的直接生产成本、分系统、总成件、零部件外协、外购的合同价格和商务活动费用以及组装合成企业利润的总和。

赵洪海（2009）认为，影响小时费用分配率的另一个重要因素是企业军品科研生产任务的饱满程度，当企业任务总工时与能力总工时接近时，小时费用分配率可以近似反映企业正常的费用水平；当企业任务总工时与能力总工时差距较大时，小时费用分配率不能反映企业正常的费用水平。

温刚等（2015）认为，装备购置项目投标报价应该采用工程量清单报价模式。装备购置项目报价表中列示的价格由制造成本、期间费用和利润构成，制造成本由直接材料、直接工资及其他直接支出、制造费用、专项费用构成；

期间费用由管理费用和财务费用构成；利润实行政府指导价，为定价成本的5%。

王向星（2014）认为，①对于软件报价除了考量总的费用支出外，适度考虑市场价值，鼓励军企双方协商确定价格；②对于专利报价审价除了测算专利权获得直接支出成本外，主要考量市场价值；③国防军队装备部门不再在合同中硬性规定知识产权归属军方，鼓励企业拥有相应的知识产权和处置权，这是贯彻落实国防知识产权战略重要政策措施之一。

赵书晋（2014）认为，不具备招标条件的单一来源采购项目应实行“三级审价”制度：“一级审价”，装备制造公司项目单位根据排产备料计划组织相关物资采购时，首先向单一供应商发出询价函，对单一供应商所提出的报价，组织人员进行审核，报装备制造公司审价办；“二级审价”，装备制造公司审价办定期组织装备制造公司范围内的专业技术人员，根据各自的经验及所掌握的市场行情，进行核准，报集团公司招标办；“三级审价”，集团公司招标办根据现已有的市场信息与历史信息进行比照，并与供应商谈判，确定合理可行并于己有利的价格，报主管领导批准后实施采购。

李之明（2013）认为，审价工作应该前伸，积极收集科研阶段的成本资料；采取有力措施，确保生产中成本价格真实可靠；对工时的测定、单位产品消耗定额的审查、实际从事军品生产的人员复核统计、工资总额、军民品任务量、全年燃料动力耗用状况等做到真实了解；进行市场调查，多方比对相同材料、零件的价格，避免有些供应人员虚开、多开费用或伪造发票。

杨敏（2011）认为，在审价工作中，应该对产品成本价格资料实行规范化管理。①产品资料的规范化管理：包括规范化产品资料的收集、整理、分类、立卷、保存期限等，把成本资料的管理纳入正规化建设的内容和年度考核指标。②产品工时定额的确定：真正的实做工时应该在生产几个批次之后才比较稳定，相对准确。③综合费用小时分配率的确定：综合费用小时分配率通常由直接人工、燃料动力、制造费用和管理费用等组成。

刘洪亮（2011）发现，目前审价工作大多是新装备刚刚鉴定完，尚未进入规模生产阶段就开始审价，收集到的数据大多是试生产阶段的价格信息。比如，外购原材料零售价和批量价格相差就是数量级的，产品工艺也大多还不成熟，工时的拟定也存在很多不确定性，这些都造成了价格信息失真。因此，在审价时机上，建议装备生产出两个批次后，再对新装备进行审价。在此之前，先按鉴定文件做经济分析。Newnes（2008）描述了几种成本估计技术，生产性估计与参数性估计是最基本的估计方法。详细的数据被收集到应得的项目进程中是生产性估计方法；估计方法基于以前的项目、过去的经验和期望的成本就是参数性估计方法。

美国政府会计办公室（GAO）提出了成本估算的12个步骤：①确定目标；②制订成本估算计划；③确定项目的特点；④制定成本估算结构；⑤确定依据与假设条件；⑥获取成本数据；⑦集中信息于一个关键点估计，将它与一个独立的成本估计相比对；⑧建立敏感性分析与风险性分析；⑨不确定性分析；⑩对成本文件归档建库；⑪提交批准；⑫更新成本库反映实际（Leonard，2009）。

Kashi（2015）使用358个手机相关数据，通过建立手机物料单（BOM）分解了不同手机的成本，使用逐步回归方法识别手机组成部分的价格以帮助确定手机零售价；交叉验证数据包含在手机样本中验证分析的结果；基于回归分析的结果建立了手机的标准成本还原分析（should－cost），该模型能帮助分析外包成本的不同起因，并可以作为在外包前进行有效协商的基础。

3.2 航材采购的供应商审计案例解析

3.2.1 案例概况及前提说明

（1）案例概况。

案例选自A公司与其航材供应商1、供应商2、供应商3及供应商4（以下简称四家单位，该四家单位来自同一个母公司MA）的机体结构件采购协议项目，A公司在2010年与四家单位签订过机体结构件采购协议。2014年7月，A公司向四家单位以正式传真形式要求提供报价；2014年11月，A公司赴供应商1、供应商2、供应商3等机体供应商就采购协议续签及报价工作开展调研；2015年4月，A公司与MA公司相关单位召开专题讨论会，四家单位对第一轮反馈报价进行了完善；2015年5—6月，四家单位陆续反馈第二轮报价；2015年7—8月，开展成本及调价公式初步分析；2015年9月，向供应商1、供应商2、供应商3发函，针对部分典型项目进行报价分解。根据四家单位机体结构备件的报价情况，结合2010年已签订的机体结构备件价格协议的情况，可将本次供应商1、供应商2、供应商3上报的备件价格分为两部分，一是原协议中备件（以下简称原件）项目的重新报价，共计1037项；二是新增备件（以下简称新件）项目的报价，共计924项，如表3－1所示。案例解析部分分为原件项目的价格审核与新件项目的价格审核。

表3－1　价格协议信息汇总表

机体件供应商	价格协议合同号	协议签订时间	原件项目数	新件项目数
供应商1	2011CSACS－061QT0	2010.10.26	697	364
供应商2	2011CSACS－060QT0	2010.10.26	82	231
供应商3	2011CSACS－062QT0	2010.10.26	255	323
供应商4	无	2011.11.17	3	6
总计:			1037	924

（2）案例分析的前提说明。

①备件材料分类。基于便于审价的目的，将航材分类为成品件、机加件、装配件、钣金件、非金属、其他；按照备件材料构成主要要素等又进一步分类为成品件、铝、钢、钛、铝钛、橡胶、复合材料、非金属件。依据备件及其材料类型进行相应的审价工作。

②特殊项目的处理。成品件是四家单位的外购项目，全部视为材料费，暂以对方2015年报价为准，必要时要求对方提供相应的购货发票、合同等。

③有关指数选取的说明。鉴于某些指标只有年度值（如我国各省的年平均工资数），所以相关指数只选择调价所涉及的官方公布年度值；如果没有对应年度的，取其最接近年度值。

需要强调的是，对方单位报价实际增长率比选取的指数增长率低的，以对方报价为准。

3.2.2　供应商原件项目的价格审计

2010年A公司与四家单位签订的机体件采购价格协议中的原件项目，四家单位的母公司MA提出了一个调价公式，基于公平原则，审价过程中，针对MA公司原公式，A公司对其进行了修正，相关价格公式分为两类。第一类是MA公司原公式及其修正公式：①MA公司原公式的价格；②修正的MA公司公式的价格。第二类是A公司设计出的新公式：①直接要素价格法；②直接要素价格法（1.27）；③直接要素价格法（1.1377）。以四家单位2010年的原件项目报价为基期价格，利用以上5种调价方法计算原件项目在2015年的价格及其涨幅；并将5种调价方法下的价格涨幅与四家单位2015年的原件项目的报价涨幅做比较。以上价格均不含包装费、运费。

（1）美国材料指数的选择。

根据航材备件主要材料构成要素选取相应材料指数。选择美国按照商品分类下的相关材料商品的PPI指数作为调价公式的指标。根据现有技术条件，细分航材备件主要材料要素，根据材料细类，选取其对应的PPI指数，如表3－2所示。

表3－2　材料指数明细类PPI

备件材料类型	拟使用的相对应美国指数	PPI代码	2010—2014增长率
成品价	实际买价		
非金属	All commodities（全部商品）	wpu00000000	0.1114
	Rubber and rubber products（橡胶及橡胶产品）	wpu071	0.1002
铝	Aluminum compounds（铝化合物）	wpu06130209	0.0909
钢	Stainless and other alloy steel scrap（不锈钢及其他合金钢）	wpu101212	－0.2341
钛	Titanium and titanium－base alloy mill shapes（钛及钛合金）	wpu102505	－0.1328

备注：所有PPI指数都是年度平均值。

美国材料指数的汇率变化修正。根据中国人民银行公布的在2010—2014年分别算出的美元兑人民币汇率的年度平均汇率（由于其他指标都是取年度指标值，为了使指标之间相互匹配，汇率也取年度平均值），2010年、2014年的平均汇率分别是6.7701、6.1430，2014年比2010年汇率的比值为0.9074，用0.9074乘以美国材料指数，以修正汇率变化对材料价格的影响。

（2）关于劳工指数的甄选。

①航材采购的相关各省的劳工指数构建。所有的统计数据均来自供应商所在地的各省的统计年鉴及统计局、社保厅数据。来源于年鉴的2014年的数据都是预测值，预测方法是采用2013年值乘以2010—2013的四年几何平均增长倍数。当选用“在岗职工的年平均工资”指数（来自各省统计年鉴）计算

各供应商的劳工成本在2014年比2010年的增长幅度时，则供应商1、供应商2、供应商3的劳工成本的涨幅分别为0.5195、0.4074、0.749。当选用“国有制造业年平均工资”指数（来自各省统计年鉴）计算各供应商的劳工成本在2014年比2010年的增长幅度时，则供应商1、供应商2、供应商3的劳工成本的涨幅分别为0.7769、0.3165、0.6437。当选用“国有经济年平均工资”指数（来自各省统计年鉴）计算各供应商的劳工成本在2014年比2010年的增长幅度时，则供应商1、供应商2、供应商3的劳工成本的涨幅分别为0.5713、0.4031、0.6675。另外，如果选择“制造业城镇单位就业人员平均工资”指数，供应商1的劳工成本2014年比2010年竟然达到1.9倍，所以没选该指标。已经收集到2007—2009年《中国民航统计年鉴》电子版、2010—2014年《中国民航统计年鉴》，但是没有工资相关指标；已经收集到的《中国国有资产监督管理年鉴2013》，也没有工资相关指标。

②劳工指数上涨幅度都采用供应商2的上涨幅度27%。即对四家单位2015年的人工费调整公式如下：

2015年人工费 = 2010年人工费 × 1.27 = 2010年人工费 × （0.4 + 0.6 × 1.45）

以上公式的含义是基期人工费中有0.4的部分每年相对稳定，保持不变（比如一些计入人工费的折旧费、其他期间费用），基期人工费中有0.6的部分变动，这样实际上允许每年人工费的上涨幅度有0.45。

③美国航空制造业劳工指数选取。美国航空制造业的2014/2010的劳工指数（CIU2033211000000I）增长率是0.1517。2010年与2014年的平均汇率分别是6.7701与6.1430，2014年比2010年汇率的比值为0.9074，用0.9074乘以美国材料指数，以修正汇率变化对材料价格的影响。则经过修正的美国航空制造业的2014/2010的劳工指数增长率是0.1377。即对四家单位2015年的人工费调整公式如下：

2015年人工费 = 2010年人工费 × 1.1377 = 2010年人工费 × （0.4 + 0.6 × 1.23）

以上公式的含义是基期人工费中有0.4的部分每年相对稳定，保持不变（比如一些计入人工费的折旧费、其他期间费用），基期人工费中有0.6的部分变动，这样实际上允许每年人工费的上涨幅度有0.23。

(3) 原件项目的价格调整公式评析。

①MA 公司调价公式。

2014 年比 2010 年航材价格上涨，供货方所给的调价公式如下：

$$P_n = P_{n-1} \times F_n \tag{3.1}$$

式（3.1）中，$F_n = 1 + \sum_{i=1}^{k} Y_i \frac{X_{di}}{X_{n-2}}$；$X_{di} = X_{n-1} - X_{n-2}$；$F_n$ 表示每年涨幅系数；Y_i 表示每个指数的权重；X_{n-1}表示第 n－1 年；X_{n-2}表示第 n－2 年。式（3.1）相关指数如表 3－3 所示。

表 3－3　调价公式中相关指数及其权重

指数		权重/%	
X_1	劳工指数（各省在职人员年平均工资）	Y_1	25
X_2	PPI 工业品出厂价格指数	Y_2	35
X_3	材料指数（美国劳工部）	Y_3	40

对该调价公式的评价：如果各指标及其权重不可更改，那么只能从指标最适合 A 公司的取值角度去降低依据调价公式的涨价幅度。因为供应商并没有提出各指标具体取值的计算过程或者代码。

②修正的 MA 公司调价公式。

对于 MA 公司调价公式（3.1）中，$X_{di} = X_{n-1} - X_{n-2}$的考虑是选择离调价时点最近的相关指标与原来定价时点的相应指标相对变动率；这是因为当月、季、年相关统计指标一般会在下月、季、年发布出来。需注意的是，由于相关统计指标有些是环比指标，要将其换算成同一基期的定基指标才能计算。

基于人工费对原调价公式的调整。在各供应商报价单中，从 2010 年至 2014 年都是基于材料费用、人工费分别有涨幅，以此来带动整体价格的上涨。这样对人工费统一涨幅的做法明显不合理。因为报价单中的单价基本上遵循成本加成（利润等于成本的 12%）的报价方式，材料费用主要是原材料的费用；而人工费的不合理在于：人工费包含除了材料费、包装费外的其他主要成本，如人工费、设备折旧费、无形资产的摊销费、水电费的补偿等期间费用，这类期间费用整体上不适用于调价公式中的 25% 涨幅。例如，年限平均法下的折旧费用，折旧费用每年相对平稳，而调价公式中的人工费一律采用 25% 的增幅，是不是不合理呢？合理调价公式应该有一部分是不变化的因素，即在人工费用中有40%的期间费用部分每年相对平稳；人工费用中60%的部分随着劳工指数变化。则可得式（3.2）。式（3.2）中的原基础价格即P_{t0}的10%部分在调价公式中保持不变的处理，也与A公司其他的大部分供应商调价公式的通用做法一致。

推理过程如下：设P_{t0}为基期价格；C_{1t0}为基期价格中人工费成本；C_{2t0}为基期价格中包含的中国材料成本；C_{3t0}为基期价格中包含的美国材料成本。由于调价公式中通常是基于基期的成本构成设置的各部分权重，因此根据MA公司的调价公式中的各成本部分的权重，结合四家单位的报价单中基于成本利润率的定价规则（供应商1、供应商2、供应商3的成本利润率为0.12），可知：

$$P_{t0} = 1.12 \times (C_{1t0} + C_{2t0} + C_{3t0})$$
$$= 1.12 \times [(0.6 + 0.4)C_{1t0} + C_{2t0} + C_{3t0}]$$
$$= 1.12 \times [0.6C_{1t0} + 0.4C_{1t0} + C_{2t0} + C_{3t0}]$$

由MA公司调价公式中各部分的权重（如表3－3所示）可得：

$1.12C_{1t0} = 0.25P_{t0}$；$1.12C_{2t0} = 0.35P_{t0}$；$1.12C_{3t0} = 0.4P_{t0}$。

因为，劳工成本中0.4的部分保持固定，即基期价格中$1.12 \times 0.4C_{1t0}$的部分到下一期不变；且$1.12C_{1t0} = 0.25P_{t0}$

所以，得$1.12 \times 0.4C_{1t0} = 0.25P_{t0} \times 0.4 = 0.1P_{t0}$

$P_{t0} = 0.15P_{t0} + 0.35P_{t0} + 0.4P_{t0} + 0.1P_{t0}$；

即基期价格的0.1保持固定。

则得出对MA公司调价公式的修正公式如下：

$$P_{t1} = P_{t0}\left(0.15\frac{X_{1t1}}{X_{1t0}} + 0.35\frac{X_{2t1}}{X_{2t0}} + 0.4\frac{X_{3t1}}{X_{3t0}} + 0.1\right) \quad (3.2)$$

式（3.2）中的指标含义、相应权重与MA公司的调价公式（3.1）相同，即X_1为劳工指数，X_2为PPI，X_3为美国材料指数。

对该调价公式的评价：该公式中设计有10%的基期价格不变部分，比较符合行业惯例和成本现实。在接受对方调价公式指标的前提下，此公式将会是比较好的谈判目标之一。

③直接成本要素增长加成价格。

四家单位的报价都是按照成本加利润进行报价；供应商1、供应商2、供应商3都按照成本的12%计算利润，供应商4按照成本的15%计算利润。供应商的成本又分为材料费、人工费、运费、包装费。为了与2010年基价具有可比性，以及由于获取直接原始凭证的便利性，暂不考虑运费、包装费。直接成本要素增长加成价格计算方法是：将某备件 2010 年报价中的材料费乘以 2014/2010 的美国材料指数的上涨倍数加上 2010 年报价中的人工费乘以其上涨倍数（人工费上涨倍数采用四家单位所在省份的在职人员年平均工资报告期与基期的比值）后乘以 1.12（对于供应商 4 是 1.15，供应商 4 的成本利润率是 0.15），即得到直接成本要素法下的价格。

对该调价公式的评价：该公式的缺陷是没有设计出一定比例（如 10%）的不变成份，不符合航材产品的成本现实和行业惯例。

④直接成本要素法（1.27）。

材料费采用美国材料指数与人工费直接按照供应商 2 的增长幅度 27% 的价格公式。计算方法：将某备件 2010 年报价中的材料费乘以 2014/2010 的美国材料指数的上涨倍数加上 2010 年报价中的人工费乘以 1.27 后再乘以 1.12（供应商 4 是 1.15，供应商 4 的成本利润率是 0.15），即得到直接成本要素法 1.27 下的价格。

对该调价公式的评价：利用该公式谈判可以起到“以子之矛攻子之盾”的效果；因为 27% 的涨幅是供应商 2 提出的。该公式的缺陷是没有设计出一定比例（如 10%）的不变成份，不符合航材产品的成本现实和行业惯例。

⑤直接成本要素法（1.1377）。

直接要素价格法（1.1377）的计算方法是：材料费采用美国材料指数与人工费按照美国航空制造业劳工指数增长率（2014/2010 的劳工增长率经过汇率修正后为 1.1377）的价格公式。其计算方法是：将某备件 2010 年报价中的材料费乘以美国材料指数的上涨倍数加上 2010 年报价中的人工费的上涨倍数（人工费上涨倍数采用四家单位所在省份的在职人员年平均工资报告期与基期的比值）后乘以 1.12（供应商 4 是 1.15，供应商 4 的成本利润率是 0.15），即得到直接成本要素 1.1377 下的价格。

对该调价公式的评价：该公式的缺陷是没有设计出一定比例（如 10%）的不变成份，不符合航材产品的成本现实和行业惯例。该公式的一个优点是，调价公式中包含了对除 2 项中国指数外的美国指数进行汇率调整。

（4）基于调价公式核价的基本原则。

对于成品件直接用 2015 年供应商报价的材料费乘以 1.12；对其他类型备件，用以上 5 种调价公式分别计算价格。需要强调的是，假设某个备件 2015

年材料费或人工费上涨率低于A公司选择指数，一般直接选用对方2015年的材料费或人工费，作为计算2015年报价的相应成本部分。另外，对于供应商1、供应商2、供应商3的材料费、人工费从2010年原报价到2015年的增长率超过3倍的，认为是奇异值。在进行不同调价公式的价格涨幅描述统计时，只反映剔除奇异值的结果。

（5）5种调价公式下的2015/2010价格变化情况。

四家单位审价情况如表3－4、表3－5、表3－6、表3－7、表3－8、表3－9、表3－10所示。

表3－4　供应商1不同调价公式下的价格综合涨幅

Statistics（统计量）	2015/2010报价增长率	原公式价格比2010报价增长幅度	新公式价格比2010报价增长幅度	直接要素价格比2010年增长率	直接成本要素增长公式调整下比2010报价增长幅度1.27	直接成本要素增长公式调整下比2010报价增长幅度1.1377
N	683	683	683	683	683	683
Mean	0.4127	0.1494	0.0991	0.2481	0.1377	0.0790
Median	0.4221	0.1700	0.1181	0.3000	0.1781	0.1106

表3－5　供应商1不同调价公式下的航材分类价格涨幅

零件类型		2015/2010报价增长率	原公式价格比2010报价增长幅度	新公式价格比2010报价增长幅度	直接要素价格比2010年增长率	直接成本要素增长公式调整下比2010报价增长幅度1.27	直接成本要素增长公式调整下比2010报价增长幅度1.1377
钣金件	N	181	181	181	181	181	181
	Mean	0.4173	0.1576	0.1057	0.2786	0.1564	0.0916
	Median	0.4221	0.1700	0.1181	0.3054	0.1781	0.1106
成品件	N	22	22	22	22	22	22
	Mean	0.43	0.3	0.3	0.3	0.3	0.3
	Median	0.43	0.3	0.3	0.3	0.3	0.3
非金属	N	47	47	47	47	47	47
	Mean	0.4096	0.1747	0.1227	0.2811	0.1716	0.1136
	Median	0.4190	0.1734	0.1214	0.3049	0.1803	0.1143

续表

零件类型		2015/2010报价增长率	原公式价格比2010报价增长幅度	新公式价格比2010报价增长幅度	直接要素价格比2010年增长率	直接要素价格比2010年增长率1.27	直接成本要素增长公式调整下比2010报价增长幅度1.1377
机加件	N	151	151	151	151	151	151
	Mean	0.4193	0.1094	0.0574	0.2248	0.1005	0.0346
	Median	0.4221	0.0520	0.0001	0.1612	0.0338	-0.0337
其他	N	25	25	25	25	25	25
	Mean	0.4041	0.1255	0.0735	0.2191	0.1056	0.0454
	Median	0.4221	0.1700	0.1181	0.2551	0.1566	0.1043
装配件	N	257	257	257	257	257	257
	Mean	0.4055	0.1519	0.1000	0.2334	0.1293	0.0742
	Median	0.4098	0.1700	0.1181	0.2684	0.1687	0.1106

表3-6　供应商2不同调价公式下的价格综合涨幅

Statistics（统计量）	2015/2010报价增长率	原公式价格比2010报价增长幅度	新公式价格比2010报价增长幅度	直接成本要素增长公式调整下比2010报价增长幅度1.27	直接成本要素增长公式调整下比2010报价增长幅度1.1377
N	82	82	82	82	82
Mean	0.27	0.1341	0.1048	0.1755	0.1146
Median	0.27	0.1453	0.1052	0.2255	0.1196

表3-7　供应商2不同调价公式下的航材分类价格涨幅

零件类型		2015/2010报价增长率	原公式价格比2010报价增长幅度	新公式价格比2010报价增长幅度	直接成本要素增长公式调整下比2010报价增长幅度1.27	直接成本要素增长公式调整下比2010报价增长幅度1.1377
钣金件	N	33	33	33	33	33
	Mean	0.27	0.0841	0.0440	0.1634	0.0695
	Median	0.27	0.0641	0.0240	0.2250	0.1059

续表

零件类型		2015/2010 报价增长率	原公式价格比 2010 报价增长幅度	新公式价格比 2010 报价增长幅度	直接成本要素增长公式调整下比 2010 报价增长幅度 1. 27	直接成本要素增长公式调整下比 2010 报价增长幅度 1. 1377
成品件	N	22	22	22	22	22
	Mean	0. 27	0. 27	0. 27	0. 27	0. 27
	Median	0. 27	0. 27	0. 27	0. 27	0. 27
非金属	N	6	6	6	6	6
	Mean	0. 27	0. 1487	0. 1086	0. 1945	0. 1180
	Median	0. 27	0. 1487	0. 1086	0. 1820	0. 1147
机加件	N	7	7	7	7	7
	Mean	0. 27	0. 0704	0. 0303	-0. 0103	-0. 0391
	Median	0. 27	0. 0641	0. 0240	-0. 0753	-0. 0906
其他件	N	1	1	1	1	1
	Mean	0. 27	0. 0641	0. 0240	0. 1169	0. 0365
	Median	0. 27	0. 0641	0. 0240	0. 1169	0. 0365
装配件	N	13	13	13	13	13
	Mean	0. 27	0. 2699	0. 0641	0. 0240	0. 1422
	Median	0. 27	0. 2700	0. 0641	0. 0240	0. 1505

表 3-8　供应商 3 不同调价公式下的价格综合涨幅

Statistics（统计量）	2015/2010 报价增长率	原公式价格比 2010 报价增长幅度	新公式价格比 2010 报价增长幅度	直接成本要素增长公式调整下比 2010 报价增长幅度 1. 27#	直接成本要素增长公式调整下比 2010 报价增长幅度 1. 1377#
N	246	246	246	246	246
Mean	0. 5073	0. 2973	0. 2326	0. 3277	0. 2441
Median	0. 4793	0. 2310	0. 1561	0. 2425	0. 1237

注：标#的列除了成品件外，供应商 3 的航材材料费增长率多数（75%）为 0，故在计算直接成本要素增长公式时的材料费都采用 2015 年的材料费实际报价。

表 3－9　供应商 3 不同调价公式下的航材分类价格涨幅

		2015/2010 报价增长率	原公式价格比 2010 报价增长幅度	新公式价格比 2010 报价增长幅度	直接成本要素增长公式调整下比 2010 报价增长幅度 1.27#	直接成本要素增长公式调整下比 2010 报价增长幅度 1.1377#
钣金件	N	59	59	59	59	59
	Mean	0.4815	0.2230	0.1481	0.2414	0.1231
	Median	0.4977	0.2310	0.1561	0.2495	0.1273
成品件	N	34	34	34	34	34
	Mean	0.97	0.97	0.97	0.97	0.97
	Median	0.92	0.92	0.92	0.92	0.92
非金属件	N	26	26	26	26	26
	Mean	0.4618	0.2354	0.1605	0.3708	0.2933
	Median	0.3886	0.2343	0.1594	0.2303	0.1175
机加件	N	86	86	86	86	86
	Mean	0.4585	0.1515	0.0766	0.2012	0.1025
	Median	0.4735	0.1130	0.0381	0.2365	0.1206
其他件	N	3	3	3	3	3
	Mean	0.4396	0.1130	0.0381	0.2204	0.1124
	Median	0.4466	0.1130	0.0381	0.2239	0.1142
装配件	N	38	38	38	38	38
	Mean	0.2810	0.1978	0.1229	0.1532	0.0803
	Median	0.3594	0.2310	0.1561	0.1942	0.0991

注：注#的列除了成品件外，供应商 3 的航材材料费增长率多数为 0，故在计算直接成本要素增长公式时的材料费都采用 2015 年的材料费实际报价。

表 3－10　供应商 4 不同调价公式下的价格综合涨幅

Statistics（统计量）	2015/2010 报价增长率	原公式价格比 2010 报价增长幅度	新公式价格比 2010 报价增长幅度	直接成本要素增长公式调整下比 2010 报价增长幅度 1.27	直接成本要素增长公式调整下比 2010 报价增长幅度 1.1377
N	3	3	3	3	3
Mean	0.1778	0.1917	0.1917	0.1778	0.0577
Median	0.1224	0.1639	0.1639	0.1224	0.0726

经过测算，如果采用上述修正的各公式调价，基本上能把四家单位的价格增幅压到20%左右。基于双赢原则，根据对方提出的调价公式进行价格调整目标实现的顺序应该是：首先，实现在对方提出的公式中的人工费（公式中对应的权重是25%）中分离出40%的部分保持不变，即基期价格的10%不变；其次，调价公式中包含了对美国指数进行汇率调整。最后，实现对公式中设计指标的公正合理的确定。

3.2.3　供应商新件项目的价格审计

（1）新件项目中新件与原件类似项目的审价。

在供应商1报价中，从机加件中选取了尺寸接近、材料及规范相同的新件项目与原件项目进行材料费还原，如表3－11所示。根据表3－11初步判断，认为挑选的供应商1新件项目的材料成本报价存在偏高的情况。

表3－11　供应商1材料费分析表（机加件）

序号	图号	名称	加工类型	毛料尺寸	备件材料	材料规范	单件重量/千克	2015年材料费/元	备注	材料单价/（元/千克）
1	571A5100－015－001	口盖	机加零件	1″×360×560	2024－T351	AMS－QQ－A－250/4	0.85	2827	新件	265
2	572A2000－036－001	口盖	机加件	1.00″　×380×240	2024－T351（板材）	AMS－QQ－A－250/4	0.946	2540	原件	134
3	572A2000－038－001	口盖	机加件	1.00″　×380×240	2024－T351（板材）	AMS－QQ－A－250/4	0.934	2540	原件	136
4	572A2000－039－001	口盖	机加件	1.00″　×380×240	2024－T351（板材）	AMS－QQ－A－250/4	0.934	2540	原件	136
5	572A2000－041－001	口盖	机加件	1.00″　×380×240	2024－T351（板材）	AMS－QQ－A－250/4	0.934	2540	原件	136
6	572A2000－042.001	口盖	机加件	1.00″　×380×240	2024－T351（板材）	AMS－QQ－A－250/4	0.934	2540	原件	136

在供应商2报价中，从钣金件中选取了尺寸接近，材料及规范相同的新件项目与原件项目进行材料费还原，如表3－12所示。根据表3－12初步判断，认为挑选的成本新件项目的材料成本报价存在偏高的情况。

表 3－12　供应商 2 材料费分析表（钣金件）

序号	图号	名称	加工类型	毛料尺寸	备件材料	材料规范	单件重量/千克	2015 年材料费/元	备注	材料单价/（元/千克）
1	236A1110－000－003	加强板	钣金件	0.050"　×82×21	Ti－6A1－4V 退火（板材）	AMS－T－9046	0.016	51	新件	2263
2	545A1200－000－007	蒙皮	钣金件	δ1.6（0.063"）×140×300	Ti－6A1－4V 退火（板材）	AMS－T－9046	0.221	1250	原件	1914

根据表 3－13 初步判断，认为挑选的成本新件项目的材料成本报价存在偏高的情况。具体如下：如表 3－13 所示，新件 1 与 2、4 与 5 是左右件，分别对应着原件 3、6。按尺寸规格不同分为类型一 1、2、3 和类型二 4、5、6。由于为相同尺寸、同类材料，利用率相同。故可以去除材料利用率的因素。

表 3－13　供应商 2 材料费分析表（口盖）

序号	图号	名称	零件类型	尺寸	备件材料	材质	材料规范	重量/千克	材料费/元	类别	材料单价/（元/千克）
1	545A2004－000－001	维护口盖（432CL）	装配件	3.175（0.125"）×150×230	Ti－6Al－4V（退火）	钛	AMS－T－9046	1.0334	1650	新件	1597
2	545A2004－000－002	维护口盖（442CR）	装配件	3.175（0.125"）×150×230	Ti－6Al－4V（退火）	钛	AMS－T－9046	1.0334	1650	新件	1597
3	545A2004－000－005	口盖	机加零件	3.175（0.125"）×150×230	Ti－6Al－4V（退火）	钛	AMS－T－9046	0.361	518	原件	1435
4	545A2005－000－001	维护口盖（432DL）	装配件	3.175（0.125"）×150×210	Ti－6Al－4V（退火）	钛	AMS－T－9046	0.6644	1076	新件	1619
5	545A2005－000－002	维护口盖（442DR）	装配件	3.175（0.125"）×150×210	Ti－6Al－4V（退火）	钛	AMS－T－9046	0.6644	1076	新件	1619
6	545A2005－000－005	口盖	机加零件	3.175（0.125"）×150×210	Ti－6Al－4V（退火）	钛	AMS－T－9046	0.285	561	原件	1968

类型一。通过计算可知，原件单位重量的同类材料单价为 1435 元/千克，而现在新件的单价为 1597 元/千克。原单位重量材料单价＜新单位重量材料单价。增长率为 11.26%。因此，假定原件项目材料单价合理，故供应商 2 原件项目的材料费新报价增长 27%，不合理。

类型二。通过计算可知，原件的单位重量的同类材料单价为 1968 元/千克，而现在新件的单价为1619元/千克。原单位重量材料单价>新单位重量材料单价。增长率为-17.75%。因此，假定原件项目材料单价合理，材料价格呈下降趋势，故供应商2原件项目的材料费新报价增长27%，显然不合理。

在供应商3报价中，从钣金件中选取了尺寸接近、材料及规范相同的新件项目与原件项目进行材料费还原，如表3-14所示。

表3-14 供应商3材料费分析表（钣金件）

序号	图号	名称	加工类型	毛料尺寸	备件材料	材料规范	单件重量/千克	2015年材料费/元	备注	材料单价/（元/千克）
1	524A1000-061-001	密封件挡件	钣金件	0.063″×153×306	2024-O包铝板	AMS-QQ-A-250/5	0.04	32	新件	64
2	531A3310-100-011	挡件	钣金件	δ1.27（0.05"）×230×600	2024-O包铝	AMS-QQ-A-250/5	0.067	32	原件	38
3	531A3310-100-013	挡件	钣金件	δ1.27（0.05"）×230×600	2024-O包铝	AMS-QQ-A-250/5	0.069	32	原件	37

根据表3-14初步判断，认为挑选的成本新件项目的材料成本报价存在偏高的情况。在供应商3报价中，从钣金件中选取了尺寸接近，材料及规范相同的新件项目与原件项目进行材料费还原，如表3-15所示。

表3-15 供应商3材料费补充分析表（钣金件）

序号	图号	名称	加工类型	毛料尺寸	备件材料	材料规范	单件重量/千克	2015年材料费/元	备注	材料单价/（元/千克）
1	524A1000-061-001	密封件挡件	钣金件	0.063″×153×306	2024-O包铝板	AMS-QQ-A-250/5	0.04	32	新件	64
2	531A3310-100-011	挡件	钣金件	δ1.27（0.05"）×230×600	2024-O包铝	AMS-QQ-A-250/5	0.067	32	原件	38
3	531A3310-100-013	挡件	钣金件	δ1.27（0.05"）×230×600	2024-O包铝	AMS-QQ-A-250/5	0.069	32	原件	37
4	524A1000-032.001	衬垫	非金属	δ0.375"×35×25	240-C-1864M	MIL-R6855	0.003	1526	新件	件号同，材料费差异大
5	524A1000-032.001	衬垫	非金属	δ0.375"×35×25	240-C-1864M	MIL-R6855	0.003	13	原件	

根据表3-15初步判断，认为挑选的成本新件项目的材料成本报价存在

偏高的情况。

（2）新件项目中新件与原件非类似项目的审价。

①供应商报价分解。

供应商报价分解。根据管理会计学及价格学相关理论，产品的价格由制造成本、相关税费及利润构成。制造成本是单位产品制造过程中所消耗的直接材料、直接人工和制造费用构成。企业需要有足够的盈利才能生存与发展，因此产品的成本应能补偿并且还应该获取一定的利润。所选案例中的供应商报价单中产品单价遵循的基本上是成本加成（利润等于成本的12%）的定价方式；总成本被分为材料费与人工费。材料费用主要是原材料的费用；人工费包含除了材料费、包装费外的其他主要成本，如人工时费、设备折旧费、无形资产的摊销费、水电费的补偿等期间费用。因此，对航材项目报价中的人工费审核，就是要审核除了材料费之外的所有计入产品成本的费用。航材产品的成本主要是：直接材料加直接人工费再加制造费用。制造费用也有部分间接的材料费用，其可以通过一定的标准或方法被分配到产品的成本中去。

抽样审核。基于重要性与全成本视角，抽取供应商1、供应商2、供应商3的航材新件项目中的典型样本；要求供应商提供样本件及下级零件的材料用量、材料单价信息及其工序名称、工时数、工时单价信息。将对方提供的样本成本信息与样本航材根据标准成本还原分析（should - cost）中得出的标准材料费、人工费进行比对，以检测对方报价中是否存在价格不合理。

②材料费审核。

样本件材料费的标准成本。在CPC平台下载规范，补全型材的规格（横截面尺寸）；CPC平台核实管路件装机数量与重量数据；参考毛料尺寸、材料规范查漏补缺；金属材料单价查漏补缺；按照密度法测算材料重量（确定不同材料的重量计算公式；估算不同材料的下料尺寸；收集不同材料密度；编辑公式，测算零件下料重量。）。针对加工件中的钣金件与机加件，按材料利用率法测算材料重量；从上海飞机设计院、上海飞机制造厂等获得原材料单价；对计算结果差异较大的零件，查数模进行核实。

典型样本材料费审核的结果显示出相关项目的供应商报价比A公司计算的材料费价格的高出幅度如表3－16所示。相对于A公司初步测算的结果，供应商1、供应商3所报的材料费要高出100%～200%左右，明显偏高。

表 3-16　典型样本材料费审核的结果　　%

供应商	钣金件	机加件	装配件	非金属件
供应商 1	220	228	240	—
供应商 3	140	180	160	—
供应商 2	13	7	11	—

对材料费的供应商审计之现场审计。在征得供应商同意的前提下，可以对供应商的样本件的材料费用进行现场审计；直接获取相关成本信息。航材产品的直接材料是指企业在生产该零件的过程中实际消耗的原材料、辅助材料、外购半成品、燃料、动力、低值易耗品以及其他辅助材料等。航材产品的材料费审计方法是：抽查产品材料成本计算单，看其耗用数量是否真实，采购价格是否合理；审查各材料成本费用的分配标准与计算方法是否真实合理，是否与汇总表中该产品分摊的数额相符；前后各期是否有较大变动及变动原因；抽查部分领料凭证，检查其是否经过授权批准并及时入账；对采用计划成本的企业，应检查计划成本有无重大变更，材料成本差异的计算、分摊、账务处理是否正确合理。

③人工费审核。

航材报价中的人工费是个广义成本概念，其包括除了材料费之外的所有成本费用。对于样本件的标准人工费主要根据从上海飞机设计院、上海飞机制造厂等提供的相关航材件的标准工艺下的工时数、工时单价等信息确认标准人工费用水平。对于直接人工费用的现场审核：抽查人工成本计算单，查看工资费用组成项目、分配方法及标准是否合理正确，是否与汇总表中该产品分摊的数额相符；前后各期是否有较大变动及变动原因；审查职工福利计提分配的合理性及会计记录是否正确、是否及时入账等。

对直接人工费的供应商审计之现场审计。首先，审查供应商归集到航材产品中的企业职工工资数据是否真实合理，审价人员一方面可通过生产单位人力资源管理部门的人员管理档案，获取生产部门工人数量；另一方面通过翻阅考勤记录和产量或工时记录这两个工资费用的原始记录，大致了解报价表中以前年度直接工资的数据是否真实，再推算出本年度可能发生的直接工资。其次，审查福利费的计提是否合理，按国家规定企业福利费应以工资总额的14%计提。最后，用产值和效益衡量工资总额的合理性，承制单位有时会通过工资上涨，提高直接工资和福利费来提高产品成本，所以审价时一旦发现工资上涨幅度大于产值上涨幅度的情况，审价人员就应认真审核工资的上涨是否合理，同时审价人员还要参考比较近三年的数据。例如，虽本年工资上涨幅度不大，就单一年度来看是合理的，但通过翻阅上年的资料了解到，上年度已经有大幅度的上涨，两年工资合并上涨幅度明显高于产值上涨幅度，那么本年度的工资上涨就是不合理的（刘重，2013）。

④制造费用审核。

在航材成本分为材料费、人工费两大类的基础上，制造费用应根据一定标准分担到航材成本的材料费、人工费中。制造费用指企业内部各生产单位为组织和管理生产该零件所发生的车间管理人员工资、职工福利费、折旧费、修理费、办公费、水电费、低值易耗品以及不能直接归入直接材料、直接人工的各种费用等。航材产品报价分解中的制造费用中有些部分是转到材料费的，比如一些低值易耗品。对制造费用项目的审核应该包含如下内容：获取或编制制造费用汇总表，并与报表、总账和明细账中相关数据核对；审查制造费用明细账中的大额或例外项目企业产品成本舞弊审计探究并追查至原始记录；审查制造费用的分配方法、分配率的确定是否合理及体现受益原则和一致性原则；实施截止日测试来查看有无跨期摊配现象；如果采用标准成本法，应检查标准成本有无重大变更，制造费用差异的计算、分摊、账务处理是否正确合规。检查制造费用分配汇总表，航材产品应分担的制造费用与成本计算单中的制造费用核对是否相符。在制造费用中所占比例最大的是工资福利费和固定资产折旧、修理费，审价人员应重点审核这两个方面。对固定资产折旧费审查：首先，弄清哪些固定资产应计提折旧，哪些固定资产不应计提折旧；其次，弄清生产单位应计提折旧的固定资产的数量、原值、折旧年限、折旧方法等，按规定生产单位除已提足折旧仍继续使用的固定资产和按规定单独作价作为固定资产入账的土地之外，所有固定资产都应计提折旧。对固定资产修理费的审查，主要审查修理费用是否发生、计入当期成本的修理费是否合理、日常修理和大修理的界限划分是否清楚等，以免修理费用不均衡分担导致成本费用虚增，特别注意的是计入固定资产修理费的只能是车间的修理费。

3.2.4 航材采购供应商审计案例结论

（1）成品件审价意见。

成品件是四家单位的外购项目，成品件的成本暂以对方2015年报价中分解出的材料费为准，不再认可成品件中的四家单位报价中分解出的人工费（报价单中的成品件有些项目对人工费也进行了分解报价）。A公司原则上接受的2015年原件项目报价中成品件的材料费报价，必要时请供应商提供相应的购货发票、合同等以支持其材料费的真实性与准确性。

（2）原协议项目中非成品件现行审价意见 。

供应商1、供应商2、供应商3原协议采购项目中的材料费或人工费涨价幅度（2015/2010）超过3倍的项目是存在一定问题的，具体如表3－16所示。原件项目经过审核发现涨价幅度过高，具体见调价公式部分。

（3）新件项目中非成品件审价意见。

针对典型航材，A公司已经组织力量，重点开展了材料费、人工费的成本审核。相对于A公司初步测算的结果，供应商1、供应商3所报的材料费明显偏高，见表3－9至表3－16。基于重要性与全成本视角，抽取新件项目中的部分样本，需要对方提供较详细的成本依据。

3.3 小结

供应商审计，是买方利用自己在供应链中的地位，在采购项目的过程中，对供应商提供产品或服务的成本、利润等信息进行的审计。供应商审计通过减少交易成本以提高采购谈判成功的概率，最终达到降低交易价格，确保按时交付等目的。该项权力可以来自合同或口头约定或行业惯例。

供应商审计有助于企业提高其供应链的经济性、合规性，并有效减少来自供应商的风险。本书梳理与推导了供应商审计的理论与实践依据，设计出了在研发外包项目中进行供应商审计的方法。

航材价格供应商审计案例选用A公司与四家单位的机体结构件采购协议项目作为航材价格审核案例，A公司在2010年与四家单位签过机体结构件采购协议。2015年四家单位提供了航材项目新的报价，此次报价包括2010年的原航材项目还有部分新件航材项目。

（1）对于原航材项目的价格审计方法。

四家单位的母公司 MA 公司集团提供了原航材项目的价格调整公式（从 2010 年调整到 2015 年）。基于公平原则、全成本核算原则和成本加成方法，对其价格调整公式进行了改进，提出了 4 种修正公式，这些修正公式均能将其 2015 年报价中的原件项目的价格压低很多，并反映了对方调价公式的不合理之处，维护了 A 公司的合法权益，降低了采购成本。

基于双赢原则，根据对方提出的调价公式进行价格调整目标，实现的顺序是：首先，实现在对方提出的公式中的人工费（公式中对应的权重是 25%）中分离出 40% 的部分保持不变，即基期价格的 10% 不变；其次，调价公式中包含了对美国指数进行的汇率调整；最后，实现对公式中涉及指标的公正合理的确定。

（2）新件项目价格审计方法。

对于四家单位的新件项目，采用了新件与原件项目类似项目的匹配分析；标准成本还原分析（should - cost）方法；另外，抽取部分典型样本需供应商进一步分解报价，指出或者论证了对方新件项目价格的不合理或者虚高部分，有力地支持了 A 公司的价格谈判工作。

4 航材产品价格调整的机理与案例分析

4.1 国内外调价方法研究述评

对于重复采购的航材，合约方通常会协商出一个根据基期价格调价的公式以确定再次购买同样标的时的价格，由于该方法简便易行，在采购实务界这种做法很流行。国际上主流的价格调整方式主要有两类：一类是基于“基期价格”的调整，另一类是基于“指数”的调整（如 PPI、劳工指数等）。“基期价格”的调整，承包商应该提供成本从基期到报告期的变化证明材料，这种调价方法在操作上要求有原始可靠的文件证据；但材料规格成百上千，采用此种方法要对有关原始凭证一一核实，其工作量巨大，该方法不太合适规模使用（姜纪果，2014）。对于重复采购的航材，如何根据标的航材基期价格进行合理与简便的价格调整，一直是采购谈判中的关键议题，对该议题进行深入解析，将具有重要的意义。

杨木平（1994）认为定值权重实质上是合同价格中不能参与调价的部分与合同总价的比值，固定系数测算的原则一般是合同价格中不因物价变动而变化的部分。Schwenk（1997）认为劳工成本指数（Employer Costs Index）类似于消费者价格指数和工业品出厂价格指数，在商业组织中逐渐被用来作为调价影响因子，他介绍了基于劳工成本指数调价的方法。吕文学（2009）、龚克（2009）、陈伯乐（2010）认为长耗材料均应列入调价公式，对预测不太可能涨价的费用项可考虑不做调整，对涨价幅度大而且总额较高的费用项均应列入调价公式。Miraldo 等（2011）分析了当非一次性付款的交易行为被允许和当价格差异化反映了产品成本的外生性差异的时候，医院的最优调价行为的特征；当治疗的边际收益在减少时并且成本函数是指数函数时，有着高成本的医院的价格调整是正向的，但是也有偏的；当边际收益稳定的时候，价格在不同的供应者之间是相同的。Chen 和 Hu（2012）分析了在确定需求下的有限期内单一产品库存与定价的联合决策模型。Arnold 等（2013）评述了经济价格调整条款，分析了风险转移的价值，并且讨论了美国国防部如何证明这些价值在协商与谈判那些包含调价条款的合同中的费用。Ferry（2013）认为原材料的成本在理想环境下应该只受通胀影响，由此任何超越通胀的成本增长都会带来问题，为更好理解成本增长的通胀调整，提供了对运营与后勤成本超越通胀的持续增长的一个解释。Chen 等（2015）证明了相对于静态定价基于库存的动态定价能引起显著的收益提高，并且有限的价格调整能带来的收益趋近于无限的价格调整。Lim（2015）证明了在商业周期中，基于固有的非对称的存货成本，非对称的市场决策能够生成价格的非对称，以最少匹配一个经验性的规律。Mardaneh 和 Caccetta（2015）认为在定价调整过程中不能忽视定价与生产计划决策的协调成本。

综观国内外调价主题的研究，鲜有学者对调价公式进行基于多样本的分析；且鲜有学者对调价公式的内在机理进行深入研究。本书收集 A 公司采购合同中的 24 个调价样本，剖析其内在机理，凝练出调价的规则。该研究结论对于指导 A 公司的航材采购议价与自身产品的调价实践工作都具有重要的意义。

4.2 调价公式的机理分析

（1）样本选择与相关指标的描述统计。

从 A 公司 100 多份采购合同中，最终筛选出 24 个不同类型系统件采购合同中的调价公式作为分析样本。样本中的供应商主要来自美国（63%），其余分别来自法国（13%）、瑞士（13%）、德国（8%）、奥地利（4%）。样本中各供应商的价格调整公式的一般形式如下：

$$P_n = P_{n-1}\left[A\left(L_{n-1}/L_{n-2}\right) + B\left(M_{n-1}/M_{n-2}\right) + C\right] \tag{4.1}$$

式（4.1）中，P 为价格；L 为劳工指数；M 为材料指数。系数满足 $A+B+C=1$ 的约束条件。P_n 是交付时第 n 期的价格；P_{n-1} 是相对于交付期的基价；L_{n-1}/L_{n-2} 表示第 $n-1$ 期比 $n-2$ 期的劳工成本增长倍数；M_{n-1}/M_{n-2} 表示第 $n-1$ 期比 $n-2$ 期的材料成本增长倍数。这里，L 与 M 的相关指标之所以选取第 n-1 期与 n-2 期的比值而不是第 n 期比 n-1 期的比值，是因为 L 与 M 在第 n 期的相关统计指标往往要在第 n+1 期甚至更晚才能统计公布出来；所以，公式 4.1 中的分数中分子分母的时期选择应该是调价计算日所能收集到的、最近时期与其滞后一期。公式中，A 是 L 劳动力成本相关指标的系数，代表劳工成本在总成本中所占权重，其取值范围在样本中是 0.4 ~0.6 之间。B 是 M 材料成本相关指标的系数，代表材料在总成本中所占权重，其取值范围在样本中是 0.3 ~0.5。C 是不变的比例部分，代表基期总成本中有 C 部分不随时间变化，其取值范围在样本中是 0 ~0.1。24 个样本中，有 15 个调价公式保留基期价格的 10% 不变，占样本总数的 63%。样本中，A: B: C 平均比值是 0.53: 0.41: 0.06，这三部分的权重具体取值应该根据标的成本构成情况和行业惯例确定。

另外，在样本各案例的调价规则中均没有对所选择指标进行季节性调整。因为价格调整通常是为了反映成本变化引致的航材产品的价格变化，合约方通常在他们的价格调整方案中不会剔除价格的季节性变化；季节性调整指数不适用于调价协议。

（2）调价拐点的设定。

①样本中调价拐点的设置情况。将采用调价公式计算的价格变化率设为 X；在 24 个样本公式中，都对 X 的取值范围、拐点做出了各种限制。样本中主要以 2.2%、4.4% 作为 X 分段涨（跌）幅的拐点（或界限）；下拐点都是 2.2%，上拐点主要是 4.4%，还有样本的上拐点是 2.2% 及 5%。样本中有 1 个案例明确指出不能负增长；有 4 个案例明确指出可以负增长；其他案例没有指明是否可以负增长。由于调价公式主要反映供应商的重复被购买航材的相对于基期成本变化而引致的价格调整，因此重复被购买航材的成本变化的主要影响因素都来自供应商所在国的相关成本指标变化。另外，对于样本中的买方公司，在涉及调价公式的采购谈判中，由于采购量小，因此处于劣势，只能被动接受对方的调价。

②样本中调价拐点的设置机理。24 个样本中的调价公式都是针对国外供应商的生产航材，这些航材主要受所在国的相关统计指标的影响，如材料费、人工费、利率等因素影响。材料费、人工费的变化在调价公式中已经有所反映。利率是材料费、人工费变化的一个主要驱动因子。

当利率上升给企业带来的融资成本加大时，企业会通过调整产品的价格转移这种压力。齐杨和柳欣（2011）研究发现，厂商受到利率紧缩冲击时，产品的边际成本会上升，产品价格上升；利率紧缩冲击会引起通货膨胀率上升。王柏程（2013）研究发现不管是发生金融海啸还是欧债风暴前后，无论大小经济体，其10年期国债到期收益率与央行基准利率和物价年增长率的关系都是正向且显著的。陈兵（2013）认为美国是世界第一大经济体，美国国债（尤其是美国十年期国债）一直以来都被投资者视为最为安全的避险资产；美国10年期国债市场收益率的变化反映了全球经济的趋势以及投资者对资产安全性和收益性的态度。Blu Putnam（2015）认为10年期美国国债收益率低于核心通货膨胀率是很不寻常的一件事，除了非常特殊的情况，10年期国债收益率相对于主流的核心通货膨胀率存在着溢价。

综上所述，根据相关学者研究可知，利率（尤其是美国十年期国债的利率）上升会引起物价上升。因此可以认为利率水平是调价幅度的一个影响指标。将X取值的上拐点序列与供应商所在国的合同日对应的当年（上年度）10年期国债年利率做非参数spearman相关检验，如表4－1所示。上拐点序列与供应商所在国的合同日对应的当年度（上年度）10年期国债年利率的相关系数是0.499（0.359），对应的p＝0.015（0.093），说明在最小显著性水平是0.015（0.093）的水平上，上拐点序列与合同日当年（上年度）对应的供应商所在国10年期国债年利率显著正相关。也反映了样本公司在航材（产成品）采购量不大的现状下，采购合同的价格制定主要受制于处于垄断地位的供应商。

上拐点序列与合同日对应的买方所在国10年期国债年利率的相关系数是0.201（p＝0.357），相关分析表略，说明上拐点序列与合同日当年对应的买方所在国10年期国债年利率不相关，证明了航材调价公式主要受供应商的成本变化影响（如材料、人工、资本成本等）；而且买方越处于弱势地位，卖方对调价公式的影响就越强（样本中，买方公司处于弱势地位）。

样本中，由于下拐点序列都取值为2.2%，无法计算该固定值与合同日对应的供应商所在国10年期国债利率的相关系数。

表 4-1 相关分析 1

		上拐点	合同日对应的10年期国债年利率	合同日上一年对应的10年期国债年利率
上拐点	相关系数	1.000	0.499*	0.359
	Sig.（双尾）	—	0.015	0.093
合同日对应的10年期国债年利率	相关系数	0.499*	1.000	0.819**
	Sig.（双尾）	0.015	—	0.000
合同日上一年对应的10年期国债年利率	相关系数	0.359	0.819**	1.000
	Sig.（双尾）	0.093	0.000	—

注：*表示相关性在0.05级别显著（双尾）。**表示相关性在0.01级别显著（双尾）。

稳健性分析。将X取值的上拐点序列与供应商所在国的合同日对应的当年（上年度）当月的10年期国债月利率做非参数spearman相关检验如表4-2所示。由表4-2可知，计算出的相关系数为0.494（0.467），显著性水平为0.017（0.025）；说明上拐点序列与供应商所在国的合同日对应的当年（上年度）当月的10年期国债月利率显著正相关。但是，上拐点序列与供应商所在国的合同日对应的当年（上年度）当月的10年期国债月利率的相关系数没有上拐点序列与年度利率的相关系数大与显著；而且调价公式中一般的指标都是年度指标，所以为了口径一致，调价拐点应该参考供应商所在国的10年期国债年利率数值进行设置。

表 4-2 相关分析 2

		上拐点	合同日对应的10年期国债月利率	合同日上一年对应的10年期国债月利率
上拐点	相关系数	1	0.494*	0.467*
	显著性（双尾）	—	0.017	0.025
合同日对应的10年期国债月利率	相关系数	0.494*	1	0.945**
	显著性（双尾）	0.017	—	0
合同日上一年对应的10年期国债月利率	相关系数	0.467*	0.945**	1
	显著性（双尾）	0.025	0	—

注：*表示相关性在0.05级别显著（双尾）。**表示相关性在0.01级别显著（双尾）。

李海宾（2015）研究发现国民经济的高速增长，势必导致劳动力价格水平的上升；同时，劳动力价格水平上升，也会促进国民经济的增长，但相对滞后，究其原因可能是由于劳动力价格的黏性所致。由李海宾的研究可知，GDP 增长率与调价公式中的劳工成本有一定相关关系。将 X 取值的上拐点序列与供应商所在国的合同日对应的当年（上年度）的 GDP 增长率做非参数 spearman 相关检验，如表 4 – 3 所示。由表 4 – 3 可知，上拐点序列与供应商所在国的合同日对应的当年（上年度）的 GDP 增长率的相关系数是 0.614（0.591），对应的 p = 0.002（0.003），说明在显著性水平是 0.01 的水平上，上拐点序列与合同日当年（上年度）对应的供应商所在国 10 年期国债利率显著正相关。

表 4 – 3　相关分析 3

		上拐点	合同日对应的 GDP 增长率	合同日对应的上一期 GDP 增长率
上拐点	相关系数	1.000	0.614**	0.591**
	Sig.（双尾）	—	0.002	0.003
合同日对应的 GDP 增长率	相关系数	0.614**	1.000	0.847**
	Sig.（双尾）	0.002	—	0.000
合同日对应的上一期 GDP 增长率	相关系数	0.591**	0.847**	1.000
	Sig.（双尾）	0.003	0.000	—

**表示相关性在 0.01 级别显著（双尾）。

将供应商所在国合同日对应的当年（上年度）的 10 年期国债年利率与 GDP 增长率做非参数 spearman 相关检验，如表 4 – 4 所示。由表 4 – 4 可以看出供应商所在国的合同日对应的当年（上年度）的 10 年期国债年利率与 GDP 增长率之间相关系数显著。由于 10 年期国债利率数据在国际主要供应商所在国及我国会提供合同日最近时期的年度、季度、月度的数据，相对于 GDP 增长率的相关数据获取更方便；而且 10 年期国债利率一般作为无风险利率的代理变量，作为资金的主要成本之一，所以 10 年期国债利率数据在调价实际工作中的应用更广泛。

表4-4 相关分析4

		合同日对应的10年期国债年利率	合同日上一年对应的10年期国债年利率	合同日对应的GDP增长率	合同日对应的上一期GDP增长率
合同日对应的10年期国债年利率	相关系数	1.000	0.819**	0.834**	0.817**
	显著性（双尾）	—	0.000	0.000	0.000
合同日上一年对应的10年期国债年利率	相关系数	0.819**	1.000	0.593**	0.747**
	显著性（双尾）	0.000	—	0.002	0.000
合同日对应的GDP增长率	相关系数	0.834**	0.593**	1.000	0.847**
	显著性（双尾）	0.000	0.002	—	0.000
合同日对应的上一期GDP增长率	相关系数	0.817**	0.747**	0.847**	1.000
	显著性（双尾）	0.000	0.000	0.000	—

**表示相关性在0.01级别显著（双尾）。

刘康（2014）通过对PPI内部分子贡献比的时变分析，发现PPI生活资料价格在检验区间（2001年1月—2013年8月）内出现了几次较大幅度的上涨，其主要原因是由食品类价格指数上涨所拉动；而PPI生产资料价格的上涨主要由原材料工业产品价格的上升所拉动。由刘康的研究可以预判，合同日对应的同期（或上一年度）的CPI增长率序列与X取值的上拐点序列相关性不大。将X取值的上拐点序列、上拐点序列与供应商所在国的合同日对应的当年（上年度）的年度CPI增长率，以及当年度当月的CPI增长率做非参数spearman相关检验，如表4-5所示。由表4-5可知，X取值的上拐点序列、上拐点序列与供应商所在国的合同日对应的当年（上年度）的年度CPI增长率，以及当年度当月的CPI增长率相关系数不显著。

表4-5 相关分析5

		合同日对应的CPI年增长率	合同日对应的上一期CPI年增长率	合同日对应的CPI月增长率
上拐点	相关系数	0.165	0.301	0.165
	Sig.（双尾）	0.451	0.162	0.451

由于样本调价公式中均含有人工费、材料费相关指数，因此调价公式必然受供应商所在国人工费指数、材料费指数的涨跌幅影响。

综上所述，基于调价公式计算的增长率的上拐点可以用同期10年期国债年利率的取值直接确定。在实际调价工作中，当年当月的10年期国债利率，以及当年的GDP增长率还没有公布数据，但是可以使用权威机构发布的最近期10年期国债利率、GDP增长率的数据，或者根据相关指标的近期值对其当期值进行预测。上文采用当期的10年期国债利率及当期GDP增长率与上拐点的相关性检验是从事后的检验视角，证明上拐点和当期的实际指标有较高的相关性，这是因为上拐点在设定的时候，虽然当期的相关指标还没有发布，但是供应商会直接使用相关指标的近期数据或者相关指标的近期数据预测其当期的数值作为调价公式中上拐点设置的参考。

在被抽样的24个合同中，14个样本都明确提出了所采购系统件的零备件的价格处理方式：供应商给予采购方采购的系统件的零备件价格将是供应商目录价格的5%～30%的折扣，由采购方卖给其客户；而且，合同一般都规定采购方的客户不能直接向系统件的供应商采购零备件。同时，有5个合同提出了最惠买家待遇条款，不得无故撤销。

4.3 调价相关指标的甄选

（1）劳工指数选择。

①国内劳工指数的甄选。世界各国统计局网站可以在中国国家统计局网站首页底部的国外统计网站查询。我国国家统计局及各省统计局计算并公布了几种与工资指数构建有关的相关指标。比如，城镇人员平均工资及指数、按行业分城镇单位就业人员平均工资等。根据这些平均工资或指数就可以计算不同期劳工成本的变化情况。另外，也可以通过各省社保局网站，查询不同期社会平均工资，以此来计算目标省份的不同时期劳工成本变化；不过，这个社会平均工资水平衡量的是省内不同行业、不同工种的平均工资水平，对刻画具体某个行业劳工成本变化的代表性较差。

②国外相关劳工指数的甄选。以美国为例，美国国家劳工统计局提供了ECI（The Employment Cost Index）以衡量劳工成本变化，它衡量劳工成本的季度变化，它持续衡量了全部工薪成本的指标，提供了按照职业、工业和区域分类的子序列，并且对不同子序列给予了不同的唯一代码，方便查询与使用。

（2）材料指数选择。

①国内材料指数的甄选。以航材产品为例，其主要材料有铝、钢、钛、复合材料、橡胶等。飞机用铝主要是铝合金，用钢是特种钢。国内铝指数可以选用上海期货交易所沪铝价格指数，或者采用“钢之家”网站计算的铝指数。航空用钢指数可以选用“上海钢联”公司或者“钢之家”计算并发布的特种钢指数。橡胶价格指数可选用“中国流通产业网”计算并发布的“中国大宗商品价格指数（China Commodity Price Index）”中的橡胶价格指数。针对航材产品调价时，也可以使用PPI指数综合地反映航材各种材料的价格变化。

②国外材料指数的甄选。以美国为例，美国相关材料的PPI指数在美国劳工统计局网站可以查到，它衡量了采矿业、制造业、服务业和建筑业提供商的产品价格变化。美国PPI指数有三种结构：第一种，最终需求与中间需求系统结构（Final Demand – Intermediate Demand System，以下简称FD – ID System）。FD – ID System的最终需求部分度量了销售给个人的消费品、资本投资品、销售给政府以及出口的商品的价格变化。FD – ID System的中间需求部分度量了销售给企业作为产品原材料的商品、服务以及建筑业产品的价格变化，不包含资本投资品。第二种，商品类型结构（Commodity Type）。商品类型结构对商品按照相近的最终使用或者原材料组合进行分组，它不考虑商品的行业来源。第三种，行业及其产品类型结构（Industries and their Products）。行业及其产品类型结构度量了不同行业产品的价格变化，它追踪销售给外部行业的产品和服务的价格变化，并且，它反映在北美行业分类系统（NAICS）所定义的行业总的净产出。

（3）不变成本的确定。

航材供应商的单价遵循的是成本加成的报价方式，即把航材的全成本分为材料费、人工费。材料费用主要是航材产品材料的费用；人工费在这里是广义的成本费用概念，包含了除材料费、包装费外的其他全部成本，如人工时费、设备折旧费、无形资产的摊销费、水电费的补偿等费用。人工费在基期所涵盖的成本费用中，应该有一定比例的费用不随时间变化，通常设定为10%。例如，年限平均法（直线法）下的折旧费用、摊销费用每年相等，这类费用应该不随时间变化，在调价公式中应该反映出基期费用水平的一定比例不变。

（4）调价阈值的确定。

依据上文研究，重复采购航材的调价一般会设有调价阈值，即调价拐点。根据航材采购的市场规则，调价拐点一般设置为2.2%、4.4%附近；调价的上拐点一定程度上受供应商所在国的10年期国债利率（即无风险利率）的影响。史兹国（2014）研究发现在子样本区间2009—2012年间，中国10年期国债收益率波动对美国10年期国债收益率波动的影响并不显著，但美国10年期国债收益波动对中国10年期国债收益率却具有显著的正向影响。何曼骆（2015）认为10年期国债利率目前是国内外市场公认的利率市场风向标，被投资者普遍接受为判断利率走势、经济走势乃至宏观调控政策的标杆性指标。

对于主要产自国内供应商的航材调价，遵循国外航材供应商的调价方法，基于上文的拐点设置的机理分析，在调价规则设定时，可以设定一个基于当期（或最近期）中国10年期国债利率水平的调价幅度区间。

（5）基于调价公式的价格涨跌风险的分担方式。

24个调价样本中，有6个样本明确基于调价公式计算的涨幅（X）的上限是2.2%，且明确可以负增长，表明卖方在基于调价公式计算出的产品的价格下降时，基于合理与公允原则，愿意让利，并承担价格下降的风险。其他样本中，除了一个样本，明确不能负增长且不规定价格涨幅限制外，其他17个样本公式中，都规定了在基于调价公式计算出的涨幅在超过上拐点（上拐点主要有0.022、或0.044、或0.05）后，基于调价公式计算的涨幅（X）将受到限制；涨幅在超过上拐点后的限制类型有：①设置为X-0.022的有6个样本；②设置为0.5X的有5个样本；③设置为0.022+（X-0.05）或0.022+0.5（X-0.05）的共计有3个样本；④设置为X-0.011的有2个样本；⑤设置涨幅最高限为0.022的有1个样本。根据调价公式计算出涨跌幅后，又对涨跌幅做出限制，体现了风险的分担方式：或者完全由买方承担，或者双方共担风险。

4.4 基于调价公式的价格调整案例分析

利用上文梳理与建立的重复采购商品价格调整机制的模式，以A公司重复采购的名为ELE的温度控制用电子设备商品（供应商为美国ACAC制造公司）为例，对ELE商品的价格指数化调整进行例解。假设重复采购行为的基期是2016年，报告期是2017年。2016年时的价格是20000元/件，根据指数化调价公式求2017年的价格。A公司应与美国ACAC制造公司在如下几个方面达成一致。

（1）调价公式的一般形式。

假设基于调价公式对重复采购的ELE商品的价格进行调整，调整公式的一般式可采用上文的公式（4.1）的形式，各符号含义同公式（4.1）；各部分的权重A、B、C具体取值应根据ELE商品成本的构成情况和市场惯例确定。

（2）劳工指数L的选择。

对于国内劳工指数L的构建，可在国家、各省统计局或省社保局网站获取所需的工资信息以构建劳工指数。如可用信息有城镇人员平均工资、按行业分城镇单位就业人员平均工资、社会平均工资等。对于国外劳工指数的构建，可根据该国国家统计局等网站提供的薪酬信息构建。以美国为例，美国国家劳工统计局提供了ECI（The Employment Cost Index）指数以衡量劳工成本的季度变化，该网站还提供了按照职业、工业和区域分类的各类劳工指数的子序列。根据ELE商品的特点，其调价用劳工指数选择美国所有市民工人全补偿指数（CIU1010000000000I）。由于劳工指数的2016年、2017年的年度数据要等到2017年、2018年才会全部公布出来；因此，借鉴样本案例做法，采用L2015/L2014来近似替代L2017/L2016，计算得L2015/L2014 = 124.3/121.7≈1.02。

（3）材料指数M的选择。

材料指数M可选取相关材料PPI，也可以根据相关材料的平均价格构建该指数。电子设备的主要材料可能会涉及铝合金、特种钢、钛、复合材料、橡胶等。对于主要来自国内的材料，铝指数可选用上海期货交易所发布的铝指数，钢指数可选用“上海钢联”公司或“钢之家”发布的钢指数，橡胶价格指数可选用“中国流通产业网”发布的“中国大宗商品价格指数”中的橡胶指数；也可直接采用工业品出厂价格指数PPI综合反映商品所涉及的各种构成材料的价格变化。对于主要来自国外的材料，可以到相关国家的国家统计局等网站收集材料指数的信息。以美国为例，美国不同材料的PPI指数在美国劳工统计局网站可以查到。根据ELE商品材料主要是铝合金、铜合金等合金制品的特点，其调价用材料指数选择美国合金制品指数

(WPU06130209)。由于材料指数的2016年、2017年的年度数据要等到2017年、2018年才会全部公布出来，因此，借鉴样本案例做法，采用M2015/M2014来近似替代M2017/M2016，计算得M2015/M2014 = 137.7/138≈1.00。

（4）不变成分C的确定。

不变成分C反映了基期成本水平的一定比例不随物价变化的部分，比如每年不变的折旧费、摊销费等成本。C应该根据ELE商品的基期成本不变的比例部分确定为0.1。

（5）依据调价公式计算出的报告期价格。

根据式（4.1）及已经确定的公式中各指标的取值，由此可以得出ELE商品2017年的价格P2017 = P2016 ×（0.5 ×1.02 +0.4 ×1 +0.1） =20000 ×1.01 =20200元；计算得出的报告期比基期的涨幅是1%。当所采购的商品是种类繁多的电子产品时，这种计算方法计算涨跌幅就显得很简单。

（6）关于基于调价公式的价格涨跌风险分担方式的设计。

根据调价公式计算出涨跌幅后，又对涨跌幅做出限制，或者给涨跌幅设置拐点，或者使涨跌幅乘以一定比例由买方承担等，这些都反映了对基于价格公式确定的涨跌幅的一种修正，也体现了风险的分担方式。该例由公式计算出的涨幅为1%，而同期2014—2015年美国10年期国债利率在1.8%～2.3%之间浮动（数据来自Investing.com），所以根据调价公式计算出的1%对国内供应商比较有利。此次重复采购的买方A公司在谈判时，如果预期调价公式的各指标涨跌幅对其比较有利，可以不要求对涨跌幅进行风险分担的相关设计。

4.5 小结

根据A公司的24个航材采购的调价公式样本，分析了在航材采购业务中的调价规则，揭示了其内在机理。对于重复采购航材，价格调整的合约方，应该在以下条款达成一致：确定价格调整的基期、报告期（调整期）；调价公式中各指标的选取及其权重确定，确保所选用的价格指数含义清晰可用，确保各指数的权重与产品的成本构成要一致且兼顾行业惯例；调价幅度的拐点（阈值）设置；调价的间隔期间（如设定价格调整的冻结期，一次调价后所适用的期间）；明确是否设立“风险共担”条款，即在合同中规定，是否由合约双方按照一定比例分别负担价格上涨超过一定幅度后的部分。通过对航材价格调整机理的研究，既可以为A公司重复采购航材项目谈判提供参考，也可以为A公司的出售航材提供调价依据。

对于调价拐点的设置，经过抽取24个案例分析，得出如下结论。

①上拐点序列与合同日当年（上年度）对应的供应商所在国10年期国债年利率显著正相关。反映了样本公司在航材采购量不大的现状下，采购合同的价格制定主要受制于处于垄断地位的供应商。基于调价公式计算的调价增长率的上拐点可以用同期或10年期国债年利率的取值直接确定。

②上拐点序列与合同日当年对应的买方所在国10年期国债年利率不相关。证明了航材调价公式主要受供应商的成本变化影响（如材料、人工、资本成本等），而且买方越处于弱势地位，卖方对调价公式的影响就越强（样本中，买方公司处于弱势地位）。

③上拐点序列与供应商所在国的合同日对应的当年（上年度）当月的10年期国债月利率显著正相关。但是，上拐点序列与供应商所在国的合同日对应的当年（上年度）当月的10年期国债月利率的相关系数没有上拐点序列与年度利率的相关系数大与显著。而且调价公式中一般的指标都是年度指标，所以为了口径一致，调价拐点应该参考供应商所在国的10年期国债年利率数值进行设置。

④供应商所在国的合同日对应的当年（上年度）的10年期国债年利率与GDP增长率之间相关系数显著。由于10年期国债利率数据在国际主要供应商所在国及我国会提供合同日最近时期的年度、季度、月度的数据，相对于GDP增长率的相关数据获取更方便；而且10年期国债利率一般作为无风险利率的代理变量，作为资金的主要成本之一，所以10年期国债利率数据在调价实际工作中的应用更广泛。

⑤上拐点序列与供应商所在国的合同日对应的当年（上年度）的年度CPI增长率，以及当年度当月的CPI增长率的相关系数都不显著。

⑥调价所用的当期指标还没有公布时可用其近期指标代替或者预测值。在实际调价工作中，调价公式中的当期指标还没有公布时，可以用近期指标代替或者预测值。上文采用当期的10年期国债利率及当期GDP增长率与上拐点的相关性检验是从事后的检验视角，证明上拐点和当期的实际指标有较高的相关性，这是因为上拐点在设定的时候，虽然当期的相关指标还没有发布，

但是供应商会直接使用相关指标的近期数据或者相关指标的近期数据预测其当期的数值作为调价公式中上拐点设置的参考。

⑦在被抽样的24个调价合同中，14个样本都明确提出了所采购系统件的零备件的价格处理方式：供应商给予采购方采购的系统件的零备件价格将是供应商目录价格的5%～30%的折扣，由采购方卖给其客户；而且，合同一般都规定采购方的客户不能直接向系统件的供应商采购零备件。同时，有5个合同提出了最惠买家待遇条款，不得无故撤销。

⑧在所选的样本案例的调价规则中均没有对所选择指标进行季节性调整。因为，价格调整通常是为了反映成本变化引致的航材产品的价格变化，合约方通常在他们的价格调整方案中不会剔除价格的季节性变化，季节性调整指数不适用于调价协议。

5 航材产品的服务模式与定价策略

5.1 定价研究述评

（1）服务生产商主导式定价研究。

Bitran 和 Mond - schein（1993，1997）基于顾客的随机到达率定义了另一个连续时间模型，这种模型的特点是会定期地回顾定价情况。结果表明，只要价格回顾的次数合理，这种连续的策略所得的收益比实际情况相差不大。Feng 和 Gallego（2000）将需求看作用马尔可夫调制的泊松过程构建动态定价模型，这里需求依赖于时间且非同质，但是强度不可预测。他们设计了计算价格优化决策的有效算法。Feng 和 Xiao（2000）在保留可实现的解决方案基础上允许价格多次变化，模型的价格被限制在一组预定的价格上单调变化（单调递增或单调递减）；他们发现所得结果是一个分段凹函数，且随着剩余时间和库存的减少而减少。Chatwin（2000）的建模方法和前述工作相似，运用微积分方法构建动态定价模型，在这里他将模型需求拓展为强度依赖于价格且随时间变化的形式，得出最优价格是一个分段常值函数。

Kleywegt（2001）构建了一个确定的多产品控制优化模型，考虑了预订取消的情况，模型中所有参数（如到达率、保留价格、取消数量）依赖于时间，运用切平面算法进行模型求解，并对算法进行了检验。

Bitran 和 Caldentey（2003）对收益管理中的动态定价问题进行了综述，并开创性地用动态定价模型解释了传统的收益管理，同时证明，不同模型下价格的变动可以假设是离散的，也可以假设是连续的。Chun（2003）探索了更为广泛的需求驱动因素下的顾客选择，在此优化策略不仅考虑了需求率，还考虑了除价格之外顾客的其他选择倾向，如季节的长度，同时考虑了容量决策因素，因此这个模型被当作一个真正的全局优化。

Lin（2004）设计了一个随机动态规划来应对顾客的随机到达率，并给出了求解的算法，解决方案是一个甚至在销售阶段开始前就可以定好的基于阈值的 bid price 策略。此模型也被运用到连续时间的问题上，这里设计了一个近似最优的启发式算法，此方法不依赖于到达过程的特定假设，但是仍有一个限制条件，即保留价格不随时间改变。Pak 和 Dekker（2004）假设初始供给能力有限制，利用多维背包思想构建了多航段时间离散型的航空货运定价模型。

Netessine（2006）为了得到在有限次价格变化的情景下一个分段稳定的价格策略，同样对价格的改变次数进行了限制，所得价格策略可以在销售周期的不同时段间改变变化方向（比如先增后减）；在此市场环境是动态且确定的，公司视为垄断者。Chou 和 Parlar（2006）假设需求是随时间变化的关于价格的线性函数，求解使总收益最大化的每一销售时段下的最优价格策略。为了得到结构化的结果，他们将模型视为优化控制问题，同样采用了基于 Pontryagin's principle 的算法，文章同时考虑了将初始库存看作决策变量的情况，并为双产品（two - product）问题设计了求解算法。Levina 等（2006）考虑了其他增加收益的来源，模型考虑了基于费用的价格保障产生的影响（比如消费者支付一笔费用来保障他们预订航班的价格水平），由此产生的离散最优化控制模型是非马尔可夫的。

Chiang 等（2007）认为基于存量的博弈论和定价策略可以很好地分析寡头竞争环境下的各种情景，得出可用 Areeda - Turner 成本扩展分析来进行寡头竞争环境下的定价决策。

Xu 和 Hopp（2009）利用鞅理论研究了面对异质性消费者动态定价问题的价格趋势，表明若消费者的支付意愿随着时间推移迅速下降，优化价格过程遵循鞅过程。Lin 和 Sibdari（2009）在考虑旅客选择行为的基础上，研究了竞争环境下的动态定价竞争模型，该模型假设每个时间段只有一个顾客来购买产品，结果表明顾客的购买意愿同时受产品本身价格和竞争对手产品价格的影响。鞠学见和罗利（2009）分析了竞争与合谋的情况，提出航空货运的差异化服务定价策略。

由上可知，动态定价通常是在基本模型基础上，从市场环境、产品、需求、决策过程几个方面进行扩展，设计不同的算法支持。其中单产品的动态定价研究比较成熟，成果较多（祝笑微，吴思斌；2010），多产品的研究相对较少。多数问题的研究将需求视为已知的函数或既定的随机分布，对不确定性需求下的相关问题研究较少。航空货运动态定价属于多产品问题，同时它的需求也往往难以预测。

雷丽彩和周晶（2010）在考虑风险规避货运代理商的情况下分析了航空公司的最优定价，王晓立和马士华（2010）研究了航空货运市场运力分配和定价的协调问题，Han 和 Tang（2010）在文献中将同样始发地和目的地的替代航班视为一个马尔可夫决策模型下的动态定价问题，推导了一个优化的 bid－price 控制策略。

彭庆（2011）基于策略乘客研究了有关航空公司的一系列动态定价问题。袁任（2011）根据客运列车的直通和多停站情况，分别建立了基于收益最大化的动态定价双层、三层规划模型。

周寅艳等（2012）建立了竞争市场环境下，多家航空公司货物多级运价动态模型。李冰州（2012）则在多个航段、多种箱型的二维空间内，研究了集装箱海运的收益管理在线动态定价模型。

尤阳（2013）针对旅游景点预售期门票的市场需求情况，建立了动态规划模型，并提出相应的定价策略。刘光乾（2013）构建了一个学习型的竞争性需求模型，针对对称性的双垄断性企业，提出一个竞争性的动态定价策略，然后运用多周期动态博弈理论推导出了最优均衡价格和最优均衡售后服务水平。苏凇和黄劲松（2013）结合参照依赖理论研究的最新成果，从参照价格的来源、不确定性和多重性三个维度详细分析了参照价格形成的理论体系、形成模型、研究动态和最新进展。

Lee 和 Jin（2013）基于运营成本中的现金支出（Cash Operating Cost，COC）以及相关设计变量对商用飞机销售价格进行预测。因为航油价格的持续上涨，COC 被认为是客机收益的关键变量，所以 COC 是预测模型的关键变量。基于 COC 的飞机价格敏感性分析，去检验飞机工程价值（engineering values）怎样与飞机销售价格紧密地联系在一起。该方法在估计一个新飞机的销售价格和确定飞机项目早期阶段的设计参数（design concept）是有用的。

刘霄（2014）通过分析 HT 公司目前滚装服务定价中存在的问题，制定解决问题的措施，设计出更适合 HT 公司发展的价格策略和实施方案；提出了一套适合 HT 公司的定价程序与定价机制，帮助 HT 公司将定价管理能力真正提升为企业的核心竞争力。

胡骥等（2014）通过对政府与出租车公司之间的博弈关系分析，建立了斯坦克尔伯格双层规划模型。模型考虑了出租车运营的实载里程，考虑双层规划模型求解的复杂性，使用遗传算法求解了放松规制后的规制价格上限值，然后结合案例，对放松规制定价博弈模型进行了研究。最后，考虑时间因素，建立了动态规制定价博弈模型。

袁泽凯等（2014）通过总结所有 IaaS（infrastructure as a service）服务定价的方法，明确了 pay – per – use 和 subscription 是目前业界普遍采用的两种定价方法，分析了 laaS 云服务定价影响因素，并把 IaaS 云计算服务的五大基础参数（初始投资、合同期限、资源折旧、服务质量和资源年限）映射到 BSM 模型中，利用复利摩尔定律和 BSM 模型公式计算出 IaaS 服务在两种定价方法（pay – per – use 和 subscription）下相对应的价格范围，分析了两种定价方法的适应范围，从计算服务提供商和用户两者的角度提供了对于 IaaS 服务价格的衡量标准。

Bilotkach（2015）研究发现在没有航线的竞争压力的情况下，减少一个标准离差的机票费用会提高飞行载荷系数 2.7%；而且在越高比例的休闲旅行的情况下，收益管理的介入机票费用的操作越无效。

（2）消费者参与式定价研究评述。

参与式定价是指消费者参与产品最终价格的制定，它包括正式的和有规则机制的定价（如拍卖、反向拍卖、谈判）以及非正式的和无规则机制的定价（如车库售物、与街边小贩的讨价还价）。

Regner 和 Barria（2009）发现网络音乐提供商 Magnatune 为其出售的每套音乐专辑设置了 8 美元的推荐价格，但消费者可以 5 ~ 18 美元的任何价格购买。Kim et al.（2009，2010）对一家波斯餐馆的研究表明，与采用固定价格相比，在采用 pay what you want（意思是随你付，以下简称 PWYW）定价策略的第一周内，每天前来就餐的新顾客为 17 人，高于采用固定价格时的 11 人，在餐馆采用 PWYW 定价策略一年之后，与刚采用 PWYW 定价策略时相比，每周的顾客量要高出 11.7%，消费者支付的平均价格也有所上升，并且吸引新顾客的数量仍然相当可观。

Gneezy et al.（2010）提出了一种新的 PWYW 定价方式，这种定价方式将 PWYW 与慈善活动结合起来，他们称之为“共担社会责任”（shared social responsibility，简称为 SSR）。SSR 即消费者与企业共同分担社会责任，消费者以 PWYW 定价的方式向企业支付价格，然后企业将消费者所付价格的一半捐给慈善组织。Gneezy 等人在研究中设置了四种定价方式，分别为固定价格、将一半价格捐给慈善组织的固定价格、PWYW 定价以及将一半价格捐给慈善组织的 PWYW 定价，结果发现当采取将一半价格捐给慈善组织的 PWYW 定价时企业获得的利润最多，原因或许在于这种定价方式最容易消除消费者对企业意图的质疑，并且最容易体现消费者的身份。

Mak 等人（2010）曾给出招徕定价和第二收入方面的解释，通过增加顾客数量和交叉销售来增加利润。招徕定价是一种促销工具，指以极低甚至低于成本的价格销售某一种或几种产品，以刺激利润更高的商品的销售。第二收入是指通过其他商品的销售赚取利润。

张辉等（2011）认为 pay what you want（PWYW）定价策略是一种最为激进的参与式定价策略，它将价格决定权完全交给消费者，这种定价策略已被实践证明具有良好的盈利性。

Johnson 和 Annie（2013）认为之前的研究只检验了消费者对不同定价策略的反应而没有考虑来自定价企业的引导作用，检验了最小、最大、建议价格三种价格战略分别给公司带来的最大收益。这三种价格战略起到价格参考的作用，使得消费者在外部参考价格引导下的价格选择会产生偏向性。

Yong（2014）使用博弈论发现 PWYW 能产生正的获利，不论何时这种定价都更具有营利性，并呈现帕累托改进。

Giampaolo 和 Graziano（2014）调查了在服务业的一系列可观察数据下参考价格的形成过程，认为同样的价格信息如果来源是社会性的（价格是被同事、朋友所支付的价格），那么消费者就想支付得更少些，也就是社会性的比较改变了个体对价格信息的权衡。

Catherine（2014）在匿名 PWYW 交易实验中发现，在缺乏社会压力下消费者自愿平均支付数是超过零的；PWYW 支付会被购买内容的相关数字信息表述所影响，数字越高支付意愿越高；在描述性名词下表述数字比指令性名词下表述数字的支付愿意更高；当价格被设定为其他人支付的平均值而不是设定为来自公司的建议价格时，支付意愿倾向于趋近期望价格。

在目前的研究中，根据销售商决策变量的区别，可以将定价策略分为三类：第一类是在商品库存量确定条件下单一的定价，销售商只需要决策商品未来的价格路径；第二类是同时决策库存以及价格的联合定价；第三类是带学习机制的动态定价，销售商通过对于销售信息的不断获取，不断明确商品需求的特征（如更准确地估计商品需求分布等），在此基础上进行价格的调整。

5.2 国外重要航空制造公司的航材服务模式与定价原则

5.2.1 国外重要航空制造公司的航材服务模式

航材保障的目的是在满足服务水平的前提下，寻求最低的航材成本支出。

（1）波音的航材支援服务模式。

波音公司早在2000年就启动了“全球飞机库存网”（Global Airline Inventory Network）计划（马援，2008）。波音的GAIN计划有如下特点。

波音负责这些航材的采购、库存和物流，航材将放置到航空公司所在地或附近，便于航空公司就近采用。波音公司在全球范围内建立航材支援站点和网络，航材分送中心的库存控制系统与客户之间建立了有机联系。由波音来建库存，支持多家在同一地域的航空公司，规模经济的优势得到体现，库存周转率提高，还可调用给全球别的航空公司。

波音开发信息技术，有效跟踪、集成世界范围内航空公司机队的维修信息、航材历史需求信息，结合对零部件可靠性的经验及其先进的统计技术，做出更精确的需求预测，以指导航材库存的规划与补给。

波音的供应链管理系统监控全球各库存点的仓位、消耗与补货，并集中制定预测，指导供应商的生产；从而做出更准确的库存规划，客观上降低库存总体水平，提高库存周转率。

航材在消费前属于波音（或者波音的合作供应商），此举大幅度降低航空公司的库存成本。波音的GAIN可为航空公司节省的成本、释放的资金相当可观。对波音而言，GAIN拉近了它与航空公司的关系。

波音公司于2008年进一步推出飞机全寿命周期解决方案——“金色关怀”（GoldCare）维护、维修及大修服务，可在数年内对航空公司进行航线及基地维修、零部件管理、工程和材料管理。波音先进的电子化技术使GoldCare变为现实。其中的集成材料管理（IMM）包含了消耗件和主要周转件，并且涵盖了许多空客和一些支线飞机的非波音飞机的零件。“集成材料管理”通过供应链获得了准确的需求信息，保证了航材供应的及时性。目前，波音大约有10%的零件通过“集成材料管理”进行管理，这个比例还在不断增长。收费方式有按飞行小时计费，按循环计费或按修理次数计费三种。波音787的“金色关怀”（GoldCare）已将机体维修加入IMM中，GoldCare企业级服务将确保航空公司飞机资产利用率的最大化。

（2）空客的航材支援服务模式。

空中客车工业公司同样推出了类似的计划。空客公司从构型的角度出发，开发了一套产品数据管理系统。以几个战略性的物资配送中心为据点建立了一个全球化的配送网络，包括汉堡、德国法兰克福、美国华盛顿特别行政区、新加坡、北京。它为全球范围的空客机队提供航材及相关服务，保障全球范围航材的供应及可用性，并为所有的维护、订购需求提供服务。另外，结合所有的航材数据和供应服务提供现场航材支援。

空客也推出了面向飞机全寿命周期的解决方案——“Air + 计划”，通过其强大的OEM管理网络帮助加入计划的客户解决各种问题，其中空客的全面支援项目（TSP）是一项积极的机体保障计划，根据航站的数量确定所需的零航材库存。空客已为多家A380客户提供此类服务。

（3）庞巴迪宇航公司的航材支援服务模式。

庞巴迪宇航公司拥有一个快速响应客户支援部门，满足在四大洲服务的130多架飞机的航材需求。这个部门也一直主动发展创新的、面向客户的运营支持服务方法。客户支援部门组建的原则是确保客户支援在世界范围内24小时送达，并由掌握解决任何实际问题的工具和拥有权力的专家负责配送。

5.2.2 国外重要航空制造公司的航材定价原则

（1）波音公司航材产品定价相关原则。

航材涨价规则。波音的员工工资每年增加4%左右，美国的经济增长率平均3%左右，通货膨胀率平均2%上下，美国十年期国债收益率3%左右。航材价格原则上每年可递增12%。当燃油价格大幅上涨，波音公司的客户——航空公司利润降低的时候，航材的价格可能就不涨，波音在911事件发生后的那一年航材价格没有涨，在北京SARS的后一年也没有涨。

库存情况。发动机备件与在役的比率大约是1∶4。除发动机以外，周转件的库存大约为飞机价值的20% ~50%，库存多少取决于机队规模和航材备件修理周转能力。波音从供应商处买航材，还会积压资金在仓库，因此除了每年的涨价还要加价30%。

航材租赁根据工具或者航材的价值决定。以一套价值10万美元的工具为例，从波音发出与回到波音仓库之间进行计时，每天1000美元，工具收回后，经检查如果有损耗则租赁客户须另外付费。

航材回购。大部分航材发货后概不退货。少数可以退货的，要到退回仓库检查合格方可，运费和保险费由客户承担。

航材送修按照每个件的FOB价格（Free On Board）进行收费。航材服务的成本利润率可以参照波音公司上一年或近三年的主营业务的成本利润率来确定，一般的成本利润率在25%左右。

（2）空中客车航材产品定价相关原则。

航材支援客户服务。空客通过空中客车客户订货台、零备件支援代表以及航材备件支援客户服务热线，向客户提供关于空中客车备件储备状况、交付期和价格的信息。

航材共享。在飞机租赁期间，空客为航空公司提供航材共享服务，航空公司按小时支付一定的服务费用，可使用空客提供的飞机共享航材器材备件及航材维修。

空中客车模块式零备件服务（AMSS）。空中客车通过AMSS工具不仅可以更近、更快地给客户的飞机提供零备件，减少了客户的零备件的库存，降低了客户的营运和物流成本，而且通过空中客车面向客户定制的供应链增加了飞机的使用效率。

（3）庞巴迪公司航材产品定价相关原则。

庞巴迪对AOG服务（飞机停场）不另外加价。由于庞巴迪和供应商的有关协议直接转移给客户，航材的送修一般直接找供应商。送修费用（包含材料和人工工时、运输及税杂费）由客户负责。庞巴迪提供航材租赁服务，租赁价格与租赁件市场价无显著相关关系。

航材交换的费用是交换费加航材维修费。航材的寄售，原则上价格高于该航材的市场价格、保险、运输与其他费用之和。由于发生了寄售，运营商的航材只采用该商家的某种或某几种航材，不存在竞争，因此，在谈判过程中也存在寄售航材的价格低于该航材的市场价格、保险、运输与其他费用之和，但价格降低幅度不大。

庞巴迪后期服务主要在于确保飞机的安全性，保持客户的稳定性。虽然服务项目多为免费，但是其实都包含在飞机、航材价格中。庞巴迪可以按购买的飞机架数积分，用积分可以换取服务（如航材、培训等）。

5.3 客户服务框架下的航材产品定价影响因素与模式

企业的定价策略应该基于公司定位及产品特点展开，由于贯穿全书的案例是以 A 公司为例展开，而 A 公司的定位就是为大飞机制造提供客户服务及相关产品，所以本章有关的定价策略是围绕客服框架下的航材产品定价展开的。

（1）航材产品定价战略与原则。

①航材定价战略。确定一个明确的定价战略，且与整个市场营销战略相联系。以对客户需求的深刻理解、有竞争力的定位和客户吸引力为驱动，积极管理客户对价值的理解和价格的预期。基于价值定价，根据给客户提供的产品价值制定价格。设计有意义的、客户愿意付钱购买的价值。掌握客户所关注或寻找的非价格方面的利益（价值），对产品设计和生产进行调整，满足客户潜在需要，并通过营销将这些价值最终传达给客户。创建一个基于细分市场的价格—产品组合：一方面，可以通过提升产品的性能和相关服务为客户创造更高价值，并通过捆绑销售以更高的价格获取更高利润；另一方面，可以从客户实际需要的价值出发，对产品和服务进行战略性“松绑”（如降低产品性能、质量保证、减少服务），使价格更加符合客户对价值的预期（即客户愿意支付的价格），在降低生产服务成本的同时保证相同的盈利性。

②航材定价原则。全面、公开、透明原则。制定全面的定价规则，对目标客户公开、透明航材产品的定价、折扣和其他客户激励规则。创建客户和产品的主要信息库。对客户的高成本行为收取附加费用（如紧急订单等）。与客户进行积极主动的沟通，使客户必须在支付价格与获取价值之间权衡取舍。这样能促使采购部门向实际需求部门征求意见，甚至通过主动询问和分享信息来选择最佳的价值匹配。最终买卖双方获得双赢，形成良性循环。集中定价原则将价格管理从表单的形式、个人台式机处理的方式转化为一个集中的定价系统。动态地将定价系统连接到 ERP、CRM、供应链等系统。使高层管

理人员参与到定价决策过程之中，建立集中的定价组织，制定定价政策，厘清参与定价决策的人在价格制定过程中的权责。价格政策执行时，授权销售部门人员，使他拥有决定具体交易价格的灵活性，但必须严格遵循定价政策。对于客户重复采购的航材项目采用长期合约和公式调价，通过与客户签订长期合约，客户提前下单，能更好地匹配产能的利用或者优化采购量，实现产供销的协同。通过公式定价，在透明的框架下，让客户负担或者与客户共担原料价格或下游需求波动的风险，并将销售人员从与客户频繁的价格谈判中解放出来，提高销售活动的有效性。

（2）客户服务框架下的航材相关产品定价特点。

①客户服务不是单独存在的，其目标客户是已经购买飞机的客户。服务的对象是已经或即将购买该类产品的顾客。只有已经或即将购买该类产品的顾客，才有可能需要相关的航材产品延伸服务。事实上，航材产品延伸服务是以产品为基础、以顾客偏好为导向的业务拓展。没有销售出产品就没有服务的对象，这也是产品延伸服务区别于其他服务的根本所在。因此，航材产品延伸服务业务的开展规模受市场上已购买该类飞机产品顾客群体的制约。

②客户服务的质量对飞机销售的影响是重要的，其影响程度比客户服务价格对飞机销售的影响要大得多。因此，在进行客户服务相关产品定价时，过低的价格一般来说是不可取的，优质的客户服务才能使客户接受服务的价格。

③客户服务具有相对的垄断性。飞机的销售具有竞争性，但由于客户服务针对具体的机型，其竞争性不是特别突出，有些客户服务（如出版物、专利航材等）完全是垄断性的，有些客户服务后期可能出现一定的竞争性（如第三方培训、第三方航材）。对垄断性的服务项目，除非在购机商务协议中有明确的规定，后续服务的实际成交价格可以以服务的报价为准（没有或小折扣）。

④产品延伸服务以是否有利于提高顾客的满意度，并让顾客在消费过程中获得额外价值为基准。只有当一项产品延伸服务业务能给顾客带来额外的价值时，这项服务业务才有被实施的可能，这是产品延伸服务业务推出的前提条件。

（3）航材价格影响因素。

①产品类型及定位。航材产品类型有 AOG、发动机、设备、结构、改装

等，每一类航材都是独特的定价战略、不同的规则和工作流的组合。企业在定价时，除了考虑成本、期望毛利率、竞争对手的价格等各种因素之外，还必须考虑产品品牌在市场的现实地位以及企业对品牌的期望定位，综合做出定价决策。公司品牌定位在相当长的时期内是稳定的，最初所确定的品牌定位不应变化。

②客户。航空公司、飞机租赁公司等。由于A公司产品的特殊性，其销量或需求不会有太大的变化。

③竞争态势。竞争态势对定价有巨大影响。企业必须考虑动态环境和竞争对手之间的力量对比，寻求合适的定价战略。这里的竞争态势指的是客户服务的竞争态势。客户服务（产品延伸服务业务）与飞机产品的销售联系密切，相互间存在一定的内在关系。飞机产品与产品延伸服务是单向互补的关系，即购买产品延伸服务的消费者必须购买产品，产品是延伸服务的平台，不购买产品只购买延伸服务是无意义的。因此，产品延伸服务定价受到产品售价的影响。同时，产品延伸服务的定价也受到产品延伸服务市场上服务提供者的数量及其竞争程度的影响。在完全垄断环境下，捆绑定价通常是一种常用的定价策略。在初期，客服产品处于完全垄断环境下。

④生命周期。产品的生命周期对于战略性定价有显著影响，而生命周期的各个阶段对定价的影响又有很大不同。不同的生命周期应该采用不同的定价方法。

⑤成本。无论采用何种方式进行定价，成本控制都是始终需要做的。随着机队规模的增加，成本必然是下降的。这时对定价影响并不大（后文所使用的成本并非初期的成本），因此可能获得更大的利润。

⑥通货膨胀。世界范围内持续的通货膨胀，使得企业的成本费用不断提高。与劳动效率增长不相称的成本增长速度，压低了企业的利润空间，使得许多企业不得不定期提高产品价格。

⑦相关政策。国家相关政策也是影响A公司产品定价的重要因素。研制大飞机对提升一个国家的整体实力，带动产业升级，促进科技进步，形成国民经济新的增长点等的意义更大。政府可以从很多方面影响公司的定价政策，比如关税、税收、汇率、利息、竞争政策以及行业发展规划等。A公司应积极争取有利的政策以弥补前期的亏损及推动飞机产品的销售。

⑧汇率。如果航材原材料或者航材产品整体从国外进口，则航材的价格

将受到供应商所在国的本位币与我国人民币的汇率折算影响。

（4）客服框架下航材相关产品定价的基本模式。

对于客服框架下航材产品的定价，可以借鉴相关服务业权威定价方法的思路。2012 年国家发改委、国家卫生计生委、国家中医药管理局发布的医疗服务价格规范中提出了物资消耗、基本人力消耗及耗时、技术难度、风险程度等价值因素（金春林等，2016）是制定医疗服务价格的重要依据。国内也有研究者提出了基于以资源为基础的相对价值的权数分配法，纳入工作绩效、医疗事故等因素的价格模型等（黄菊等，2009；李磊，2014；鲁献忠，2013，2014）。

确定航材相关服务的成本是对航材相关服务产品进行定价的基础；产品成本确定后，可以根据成本加成或者参考竞争对手价格或者市场需求进行定价。对于 A 公司采购并转让给客户的成品件（不需要 A 公司加工），定价方法主要是在 A 公司采购价的基础上，加收一定比例的管理费、利润等作为 A 公司销售价格。对于非成品件，参考医疗服务项目的定价方法（王海银等，2015），结合航材相关服务产品的实际，先提出航材相关服务的成本价值确定方法，然后根据成本加成法或者其他定价法确定航材价格。

①航材相关服务的成本价值确定方法。航材相关服务的成本价值是综合实际人工工作量及材料消耗等因素测算得出的，可将其分为标化人工价值和标化材料价值。其中，标化人工价值是指在正常情况下，以各类人力平均消耗为主，并结合技术难度、风险程度、时间限制，去除可单独收费的其他费用（如差旅费用）等计算得出，标化材料价值是指航材相关服务的材料成本等。

特定航材标化服务成本 = 人工成本 + 材料成本 = （Σ 标化人工价值）× TE × R × T + Σ 标化材料价值

其中，TE、R、T 分别为技术难度系数、风险系数、时间限制系数；这些系数可采用李克特 5 级量表进行度量，设定中间级的系数为 1，其他级的系数级差（如级差可取 0.2、1 等）应该根据特定服务的具体情况来确定。

特定航材服务产品的标化人工价值测算步骤：首先，确定标化人工薪酬参数。选取 A 公司提供特定航材产品服务的技术人员（参与服务人员中如有非技术人员按照当量折算）薪酬区间平均数，作为该类服务的标化人工薪酬参数。其次，测算单位人工耗时价值。其基本公式为：单位人工耗时价值

（小时）＝各类技术人员薪酬水平/（12 月×22 天×8 小时）。最后，测算人工成本：人工成本＝（Σ单位人工耗时价值×工时）×TE×R×T。

②成本加成法。成本加成法关键要确定的是成本利润率的合理取值区间。成本利润率＝利润总额/（营业成本＋财务费用＋销售费用＋管理费用）。A 公司的成本利润率取值可参考波音、空客等标杆企业的成本利润率取值区间，再做合理调整。通过分析波音、空客的某一年度财务报表，即可计算出该年度其成本利润率信息。波音、空客等标杆企业提供的是已经成功且日臻完善的产品和服务。A 公司作为市场的新进入者，适当的低价策略是可取的。A 公司在使用成本加成定价过程中，可以根据波音、空客最近三年度的成本利润率为基础，结合不同服务的特点，可确定出低于波音、空客 1%～10%的成本利润率水平。

③其他定价法。其他定价法主要还有需求导向定价和竞争导向定价等方法。需求导向定价是指按照顾客对商品的认知和需求程度制定价格，而不是根据卖方的成本定价。这类定价方法的出发点是顾客需求，认为企业生产产品就是为了满足顾客的需要，所以产品的价格应以顾客对商品价值的理解为依据来制定。竞争导向定价以市场上相互竞争的同类商品价格为定价基本依据，以随竞争状况的变化确定和调整价格水平为特征，主要有通行价格定价、密封投标定价、竞争价格定价等方法。竞争导向定价法考虑了产品价格在市场上的竞争力，该种方法的缺点在于过分关注在价格上的竞争，容易忽略其他营销组合可能造成产品差异化的竞争优势，容易引起竞争者报复，导致恶性竞争，使公司毫无利润可言，实际上竞争者的价格变化并不能被精确的估算。

5.4　航材 FHS 服务模式与定价

5.4.1　航材 FHS 服务模式

按飞行小时付费（Flight Hour Service，FHS）维修服务起初是由航空发动机和辅助动力装置（APU）制造厂家开发出来的一种新型维修服务方式。发动机和 APU 包含较多的时寿件，需要按照飞行小时进行定期的检查和更换。随着技术的进步，发动机和 APU 的可靠性也越来越高，加之制造厂家对其产品使用情况和故障数据的监控、分析，可对发动机和APU的故障率、主要故障类型进行预测和推算，从而统计出较长时间内其产品所需维修的工作量、零部件更换量等，进而估算出承担这些维修工作所需耗费的人工时费、航材/耗材费、厂房设施费、工具设备费、其他成本等，并向客户提出基于飞行小时的维修服务报价。按飞行小时付费维修服务合同约定的服务期限一般较长（大多在10年以上），并且发动机和APU制造厂家还会根据客户使用情况（产品使用率、飞行小时与飞行循环的比例等）调整合同内容。飞机和部件的小时包修，即FHS（flight hour service），是航空公司和MRO之间的一种按小时付费（PBH）的服务协议，本质上是一项平摊飞机维护成本以及消除突发故障资金风险的金融服务。用户定期按照飞行小时数支付一定金额，维修计划提供商就能为客户支付几乎所有飞机定检和故障维修的成本。

（1）航材FHS服务模式。

陈国焉（2013）对发动机包修小时费率年度调整问题进行数学建模并提出新的求解方案。此方案可快速推导出应对小时费率年度调整问题的最优策略，从而确保自身在发动机包修业务中的决策自主权和决断力。林龙祥（2014）总结了发动机按小时包修模式的概念和包修合同的典型模式，提出了合同报价评估、合同谈判的关键因素以及合同签署后按小时包修机队的管理要点。马肇兴（2015）介绍了航材飞行小时服务（Flight Hours Service for Spare Part，FHSSP）基本内涵，包括其服务范围和特点，并就行业中不同服务商提供的FHSSP进行了分析与比较，说明了FHSSP在民机产品支援领域的重要性。通过选择航材FHS，将航材准备与维修外包，分摊航空公司一次性航材库存投入，缓解航空公司的资金压力并帮助防范市场风险。根据管理人主体的不同，国际市场主要存在以下四种不同的航材FHS支援模式，分别是由飞机OEM厂商、部件OEM厂商、MRO维修商、专业航材服务商提供航材FHS。

①飞机OEM厂商提供的航材FHS。

模式特点：飞机OEM厂商通过与MRO维修商、第三方物流公司的广泛合作，借助航材FHS支援模式成为航材供应和服务的集成商，为航空公司提供全面的航材支援和服务，成为其在航材保障领域的深度合作伙伴。该模式代表性公司是空客公司，其主推FHS-TSP（FHS定制化支援项目）作为航材全面保障的解决方案。波音推出了类似的服务产品：金色关怀（Gold Care），为航空公司提供使其运营能力最大化的工具。

②部件 OEM 厂商提供的航材 FHS。

模式特点：部件 OEM 厂商通过提供其部件相关的全面保障支援，成为航空公司在该航材保障领域的合作伙伴，同时与 MRO 维修商或第三方物流公司广泛合作，借助航材 FHS 支援模式提升航空公司对其航材售后保障的信心，进而拉动其部件的销售。该模式代表性公司是汉胜公司、普惠公司与泰雷兹公司。

汉胜公司主推 C. A. R. E.（全面部件维修与交换项目）作为其航材 FHS 支援模式解决方案。该公司部件范围针对的是汉胜的自有航空产品，如电源系统、空气管理系统、APU（辅助动力装置）等；服务范围包括寄售库存、共享库、维修、物流及技术支持等。

普惠公司应用最广的机队管理项目，实际上就是一种按飞行小时付费的服务协议。这份协议覆盖了发动机离翼后的一切，普惠公司承担关键部件的拆解、返厂维修的风险、间隔风险和成本风险。

泰雷兹公司半数以上的航电设备都签署了 5 年固定价格修理，或者 5 至 10 年的按飞行小时付费合同。该公司的按小时付费合同分为 3 类：修理，但不提供备件；按小时付费，由泰雷兹公司负责初始采购、零备件和物流；按小时付费合同，这是一种包括物流在内的提供 DDP（申报的设计和性能）的服务。

③MRO 维修商提供的航材 FHS。

模式特点：MRO 维修商通过专业的维修及相关配套管理能力，将航材维修服务与其他服务（如租赁）绑定，或基于维修服务提供其他延伸的增值服务（如寄售），扩大维修服务范畴，成为航空公司飞机签派率的保障者。

该模式代表性公司是新科宇航，其主推 MBH 作为其航材 FHS 的解决方案。据新科宇航官方网站的营销信息，其航材范围非常广泛，包括航线可更换件、发动机部件、起落架部件、消耗件等；服务范围是综合打包的形式，包括客制化维护计划、维修、检修、大修、工程管理、物流和培训等。其在全世界建立维修支援网络，拥有子公司及在各地区的合资公司提供维修和改装等服务，供应商合作主要是向部件 OEM 厂商采购航材备件。

④专业航材服务商提供的航材 FHS。

模式特点：专业航材服务商通过航材 FHS 支援模式吸引新客户或增加现

有客户的航材支援份额，从而提升其航材仓库的规模效益，最终以更经济的成本与更广泛的航材覆盖面向航空公司提供航材保障。

该模式代表性公司是ALM公司，其部件范围包含主流机型的航线可更换件，其中有从3家股东公司所获得的富余航材以及ALM向部件OEM厂商采购的新航材。其业务范围主要是航材共享库管理与航材租赁业务，并借助母公司MRO能力的支持来向航空公司提供维修服务。

（2）航材FHS服务设计要点。

①宗旨与支撑条件。

宗旨。集中全球行业优势，进行航空类资源整合及合理分配，减少各方面重复性投资所导致的资产闲置或浪费、贬值，减轻航空公司初始投资及运营投资，确保其将有限的资源用于飞机的购买及运营，达到制造商、供应商、MRO及航空公司互赢的目的。采用FHS带来的收益是：减少投资；减少部件的库存；在较短的订货和交货时间内保证部件的可用性。低成本和良好的成本控制：预测维修成本；简化物流管理；更好的飞机剩余价值。

支撑条件。强大的供应商（技术、备件等）支援网络；强大的MRO支援网络；制造商强大的全局掌控能力（尤其是对MRO及供应商的掌控能力）；制造商精湛的技术经济分析、成本控制能力。

②构成要素。

HS（计时服务）拟由下述要素（模块）组成，客户可以根据自身需求，定制相应服务模块并缴纳相应费用后持续享受“一站式”服务。

公司专利件及LRU（航线可更换件）支援模块SHS。部件测试，修理，检查和更改，经营担保和可靠性跟踪；获取有用的部件；网络订购或者库存备货，上门服务。

工程维修管理模块MHS。机队管理及工程模块：维修计划的定义和更新，维修工作包，AD（适航指令）/SB（服务通告）的复审，可靠性跟踪，在役构型和维修记录，航线维修的协助，出版物更新等；航线维修模块；机体维修模块：A检，C检以及更高级别的检查；运营支援模块OHS：航线申请、租机服务、调机服务、机组及空勤服务、培训服务；其他支援模块。

FHS系列是一个全面的、客户化的系统，能提供适合多样航线的订购计划，从公司供应商获取全方位的部件支持，为大部分完善的FHS－TSP提供全面的部件支持，以及机队管理、航线和基础维修。依靠来自公司的维修、修理和检查（MRO）网络中的合适人员以及设备制造商来执行这类服务。所有的 FHS 配置通过固定价格政策提供，这个价格政策与担保级别相关。

开展 FHS 的航材服务设计与定价详见附录 2，某公司 FHS 模式下航线维修服务与定价设计模板。

5.4.2 FHS 模式下航材成本测算与定价

（1）航材的可靠性。

按 GJB 451A—2005 的定义，可靠性指产品在规定的条件下和规定的时间内，完成规定功能的能力。可靠性评估技术是伴随航空工业和军事技术的应用而发展起来的。在现代工程管理中，在设计阶段，收集并分析同类零部件的实效数据，可以对新设计的零部件的可靠性进行评估。可靠性评估可以预测一个系统将按照怎样的方式实效以及失效的后果，还可以向工程和管理人员提供该系统的质量、经济性能和投资费用相关联的信息。这种评估有利于设计方案的比较和选择，尤其是可靠性的定量评估可以为工程决策提供重要的依据（许钟，1993）。

航空产品的可靠性就是航空产品在规定的条件下与规定的时间内，完成规定功能的能力。民用飞机与一般系统不同，它不允许耗去巨大的经费反复做许多次试验而获得所需要的数据，只能通过大量的外场调研取得数据。可靠度函数是可靠性的概率学描述，是指产品在规定条件下规定时间内完成规定功能的概率，记为 R（t）。

由产品可靠度函数和故障分布函数的关系公式

$$R(t)+F(t)=1 \tag{5.1}$$

可以得出：

$$F(t)=1-R(t) \tag{5.2}$$

对 F（t）求导可以得到产品在时刻 t 的故障密度，表示产品在时刻 t 后的单位时间里发生故障的概率。

$$F(t)=f(t) \tag{5.3}$$

故障率是产品可靠性特征的重要指标，也常作为厂商提供给客户的重要技术参数之一。常用的故障率有两种：平均故障率 $\bar{\lambda}$ 和瞬时故障率 λ（t）。

瞬时故障率表示一个工作到时刻 t 的产品，在时刻 t 后的瞬时平均单位时间内发生故障的产品数，是时间的函数，其定义式为：

$$\lambda(t) = \frac{1}{N_s(t)} \quad \frac{dr(t)}{dt} \tag{5.4}$$

其中，dr（t）表示在 dt 时间内发生故障的产品数；dt 是时间间隔；N_S（t）表示在 t 时刻没有发生故障的产品数。

产品的故障率与可靠度之间存在如下关系：

$$R(t) = \exp\{-\int_0^t \lambda(t)\, dt\} \tag{5.5}$$

根据故障率在产品全寿命周期内变化的情况，可以绘制产品的故障率曲线。绝大多数系统件（LRU、LMP）的故障率函数曲线呈两头高、中间低，好像浴盆，所以称为浴盆曲线，如图 5－1 所示。

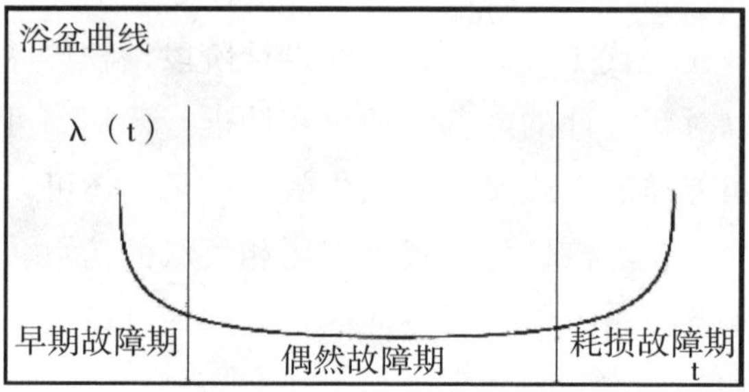

图 5－1　浴盆曲线

由图 5－1 可以看出，产品故障的变化分为早期故障期、偶然故障期和耗损故障期三个阶段。在早期故障期和耗损故障期，产品故障率较高，而在偶然故障期，产品的故障率低且稳定，近似认为是常数。当产品处于偶然故障期时，故障率：

$$\lambda(t) = \lambda \tag{5.6}$$

由式（5.6），可得出在偶然故障期，产品的可靠度：

$$R(t) = e - \lambda^t \tag{5.7}$$

不可靠度：

$$F(t) = 1 - e - \lambda^t \tag{5.8}$$

故障密度函数：

$$f(t) = \lambda e - \lambda^t \tag{5.9}$$

即可推知，在偶然故障期，产品的平均故障间隔时间（MTBF）：

$$MTBF = \frac{1}{\lambda} \tag{5.10}$$

备件供应商一般会提供单个 LRU 或 LMP 的信息（作为一个数学期望），由此可以计算出偶然故障期内单个 LRU 或 LMP 的平均故障率。

(2) 民机按飞行小时付费服务的成本类型。

民机按飞行小时付费服务的定价，主要考虑航材备件成本、维修工时成本。维修成本类型及明细如表 5－1 所示。

表 5－1 维修成本类型及明细

成本类型	明细
航材备件成本	周转件采购费
	标准件和耗材采购费
	航材运杂费
	航材送修费
维修工时成本	航线维护、排故
	定检 A、B、C
	结构检查/D 检
	车间维修
	其他成本

表 5－1 中给出了各项成本、费用的明细，在实际按飞行小时付费服务中，需要考虑以上每一种成本、费用，加上一定的利润率，对按小时付费服务进行合理的定价。就 FHS 中航材备件成本，提出了一种基于可靠性分析，建立包修部件的故障树模型并由基本零部件相关参数测算 FHS 中航材备件成本的方法。

(3) 基于故障树建立的成本估算模型。

故障树分析法（Fault Tree Analysis，FTA）是一种对复杂系统进行可靠性、安全性分析及预测的方法。它通过演绎的故障分析法研究系统特定的不希望发生的事件，即顶事件。通过由上向下严格按故障的层次进行因果逻辑分析，对可能造成产品故障的硬件、软件、环境、人为因素等进行分析，画出故障树，从而确定产品故障原因的各种可能组合方式和（或）其发生概率的一种分析技术（迟长春等，2007）。FTA 是一种演绎分析的方法，从系统的故障（顶事件）开始，逐级向下分析构成此系统的子系统、组件（部件）、单元等造成顶事件的故障模式。它既可以做定性分析，也可以做定量分析。以某机型主起落架为例，基于可靠性评估和故障树分析法，对飞机按小时付费服务维修中航材备件成本的测算方法进行探索。

FTA具有以下特点：灵活性强；是一种图形演绎方法，是故障事件发生在一定条件下的逻辑推理方法；FTA的过程是对系统更深入认识的过程；可以定量地计算复杂系统的故障率；故障树建立后，可以作为维修人员一种形象的维修指南。

FTA的一般步骤如下。

以某民用飞机主起落架为例，绘制故障树。

顶事件：主起落架未放到位置。

初始条件：起落架手柄置于“放下”位置，主起落架在收上位置，舱门关闭。

不许可事件：传动机构不会因行程方面的问题引起故障，切断活门和几个机械阀不会被卡住；导管和接头不会故障。主起落架的所有故障都是偶然发生的，不存在因磨损等原因引起的故障。

经过简化，得到如图5－2所示的故障树。图中各代码所代表的事件如表5－2所示。

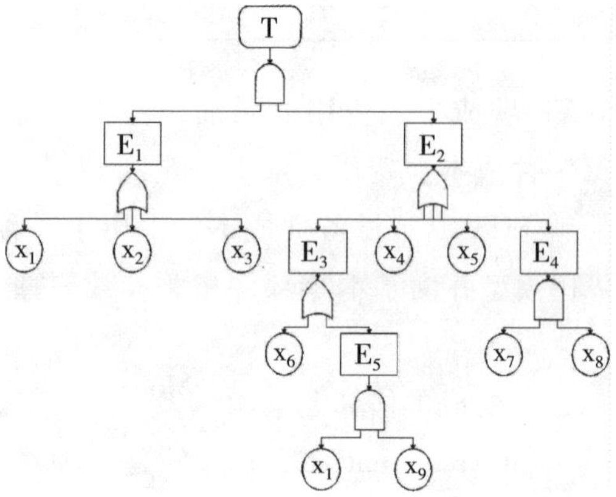

图5－2　某民用飞机主起落架故障树

表5－2　故障事件的含义

事件代号	事件名称	事件属性
T	主起故障	顶事件
E_1	应急放时主起故障	中间事件
E_2	正常放时主起故障	中间事件
E_3	起落架锁故障	中间事件
E_4	作动筒故障	中间事件

续表

事件代号	事件名称	事件属性
E_5	主起落架锁结构故障	中间事件
x_1	主起落架锁机构故障	基本事件
x_2	应急放时舱门作动筒锁故障	基本事件
x_3	应急放时应急传动机构故障	基本事件
x_4	正常放时舱门作动筒锁故障	基本事件
x_5	舱门作动筒故障	基本事件
x_6	顺序活门内梭形活门故障	基本事件
x_7	主起收放作动筒故障	基本事件
x_8	主起侧支柱作动筒故障	基本事件
x_9	主起落架锁作动筒故障	基本事件

结构函数是一种描述系统故障的数学模型，它是一种表示系统状态的布尔函数。其自变量是系统组成单元的状态，事件发生对应故障状态，事件不发生对应正常状态。

评价故障树通常用它的最小割集。割集指故障树中一组基本事件的集合，当这些基本事件同时发生时，顶事件必然发生。一个不能进一步简化的割集，称为最小割集（系统的最小故障模式）。最小割集一般用下行法求得。

图 5－2 中的故障树，用表 5－3 下行法可以求其最小割集。

表 5－3　下行法步骤

步骤						
0	1	2	3	4	5	6
T	E_1E_2	x_1E_2	x_1E_3	x_1x_6	x_1x_6	x_1
		x_2E_2	x_2E_3	x_1E_5	x_1	x_2x_6
		x_3E_2	x_3E_3	x_2x_6	x_1x_9	x_2x_9
			x_1x_4	x_2E_5	x_2x_6	x_3x_6
			x_1x_5	x_3x_6	x_2x_1	x_3x_9
			x_1x_4	x_3E_5	x_2x_9	x_2x_4
			x_2x_4	x_1x_4	x_3x_6	x_2x_5

续表

步骤						
0	1	2	3	4	5	6
			x_2x_5	x_1x_5	x_3x_1	$x_2x_7x_8$
			x_2E_4	$x_1x_7x_8$	x_3x_9	x_3x_4
			x_3x_4	x_2x_4	x_1x_4	x_3x_5
			x_3x_5	x_2x_5	x_1x_5	$x_3x_7x_8$
			x_3E_4	$x_2x_7x_8$	$x_1x_7x_8$	
				x_2x_4	x_2x_4	
				x_3x_5	x_2x_5	
				$x_3x_7x_8$	$x_2x_7x_8$	
					x_3x_4	
					x_3x_5	
					$x_3x_7x_8$	

用下行法可知：该故障树的所有最小割集为：

$\{x_1\}$，$\{x_2, x_6\}$，$\{x_2, x_9\}$，$\{x_3, x_6\}$，$\{x_3, x_9\}$，$\{x_2, x_4\}$，$\{x_2, x_5\}$，$\{x_2, x_7, x_8\}$，$\{x_3, x_4\}$，$\{x_3, x_5\}$，$\{x_3, x_7, x_8\}$

求出故障树的最小割集后，可将原结构函数写为乘积之和的形式，以便对顶事件的各项参数进行计算：

$$\varphi(x) = x_1 + x_2x_6 + x_2x_9 + x_3x_6 + x_3x_9 + x_2x_4 + x_2x_5 + x_2x_7x_8 + x_3x_4 + x_3x_5 + x_3x_7x_8 \quad (5.11)$$

基于此结构函数可以根据基本事件发生的概率求出顶事件发生的概率，即：

$$\lambda(T) = \lambda_1 + \lambda_2\lambda_6 + \lambda_2\lambda_9 + \lambda_3\lambda_6 + \lambda_3\lambda_9 + \lambda_2\lambda_4 + \lambda_2\lambda_5 + \lambda_2\lambda_7\lambda_8 + \lambda_3\lambda_4 + \lambda_3\lambda_5 + \lambda_3\lambda_7\lambda_8 \quad (5.12)$$

下行法运用简单，逻辑性强，但对于复杂系统故障的分析，计算量大，过程复杂。对于单调关联故障树，可以运用不交化方法（许钟，1993），对于非单调关联故障树，可以运用 BDD（Binary Decision Diagram）方法（周经伦等，1999），在已知底事件发生概率的条件下求得顶事件发生的概率。

本例中，可以根据以下公式估算针对该项事件 T（起落架故障）发生的按小时包修服务中的备件成本：

$$P\ (T)\ = P_1\lambda_1 + P_2P_6\lambda_2\lambda_6 + P_2P_9\lambda_2\lambda_9 + P_3P_6\lambda_3\lambda_6 + P_3P_9\lambda_3\lambda_9 + P_2P_4\lambda_2\lambda_4 + P_2P_5\lambda_2\lambda_5 + P_2P_7P_8\lambda_2\lambda_7\lambda_8 + P_3P_4\lambda_3\lambda_4 + P_3P_5\lambda_3\lambda_5 + P_3P_7P_8\lambda_3\lambda_7\lambda_8 \tag{5.13}$$

P（T）——针对故障顶事件 T 每飞行小时的航材备件成本；

P_i——第 i 个基本事件发生时维修所需备件的成本（包含直接成本和间接成本，不同时期可能有所变动，取数学期望）；

λ_i——第 i 个基本事件发生的概率，即发生故障的零（部）件的平均故障率。

将上式简化：

$$p\ (T)\ = \sum_{i=1}^{m} p_i\varphi_i \tag{5.14}$$

p（T）——针对故障顶事件 T 每飞行小时的航材备件成本；

p_i——该故障树的第 i 个最小割集中基本事件同发生时所需备件的成本（包含直接成本和间接成本，不同时期可能有所变动，取数学期望）；

φ_i——第 i 个割集中基本事件同时发生的概率，即第 i 个最小割集中对应零（部）件的平均故障率之积；

m——故障树最小割集数。

运用该方法，根据所需报价故障模式，合理设置顶事件 T，同时依据飞机零件拆解目录（AIPC），结合供应商推荐备件清册（RSPL）中提供的平均故障时间（MTBF）和报价、采购成本，精确到飞机的最小可拆解零件的成本和故障率，可估算出对于不同顶事件故障类型包修（如对主起落架按小时包修）航材备件的成本，作为定价的成本依据。

5.5 小结

国外重要航空制造公司的航材服务模式与定价原则。主要介绍波音、空客、庞巴迪宇航公司的航材支援服务模式与定价原则。

企业的定价策略应该基于公司定位及产品特点展开，由于贯穿全书的案例是以 A 公司为例展开，而 A 公司的定位就是为大飞机制造提供客户服务相关产品，所以本章有关的定价策略是围绕客服框架下的航材产品定价展开的。

（1）航材定价战略。确定一个明确的定价战略，且与整个市场营销战略相联系，以对客户需求的深刻理解、有竞争力的定位和客户吸引力为驱动。积极管理客户对价值的理解和价格的预期。基于价值定价：根据给客户提供的产品价值制定价格。设计有意义的、客户愿意付钱购买的价值。掌握客户所关注或寻找的非价格方面的利益（价值），对产品设计和生产进行调整，满足客户潜在需要，并通过营销将这些价值最终传达给客户。创建一个基于细分市场的价格—产品组合。

（2）航材定价原则。①全面、公开、透明原则。②集中定价原则。

A 公司航材相关产品类型主要有资料交付及培训类服务和航材相关类服务。分析了客服框架下的航材产品定价特点、影响因素；提出了航材产品定价的基本模式；确定航材相关服务的成本是对航材相关服务产品进行定价的基础；产品成本确定后，可以根据成本加成或者参考竞争对手价格或者市场需求进行定价。对于 A 公司采购并转让给客户的成品件（不需要 A 公司加工），定价方法主要是在 A 公司采购价的基础上，加收一定比例的管理费、利润等作为 A 公司的销售价格。对于非成品件，参考医疗服务项目的定价方法（王海银等，2015），结合航材相关服务产品的实际，先提出航材相关服务的成本价值确定方法，然后根据成本加成法或者其他定价法确定航材价格。

介绍了航材 FHS 服务的模式。FHS 是航空公司和 MRO（维修商）之间的一种按小时付费（PBH）的服务协议，本质上是一项平摊飞机维护成本以及消除突发故障资金风险的金融服务。用户定期按照飞行小时数支付一定金额，维修计划提供商就能为客户支付几乎所有飞机定检和故障维修的成本。国际市场主要存在四种不同的航材 FHS 支援模式，分别是由飞机 OEM 厂商、部件 OEM 厂商、MRO 维修商、专业航材服务商提供航材 FHS。介绍了航材 FHS 服务设计要点，主要内容包括：宗旨与支撑条件、构成要素；并在附录 2 给出一个实例供读者参考。

基于可靠性的 FHS 服务模式中航材备件成本测算及其定价。在民机客户服务中，采取按小时付费服务模式（FHS）有利于形成稳定的客户关系和工作量，有利于促进深度维修能力的开发。本章以某机型主起落架为例，提出了一种基于可靠性的航材备件成本计算的方法。基于主起故障树的建立，可以推算出各个系统模块的故障率，在此基础上依据单个零部件的维修备件成本，可以测算按飞行小时付费模式中各级系统维修的备件成本，为该服务定价提供成本支持数据。

6 主要结论

6.1 航材采购中的供应商审计研究结论

供应商审计，是买方利用自己在供应链中的地位，在采购项目的过程中，对供应商提供产品或服务的成本、利润等信息进行的审计。供应商审计通过减少交易成本以提高采购谈判成功的概率，最终达到降低交易价格、确保按时交付等目的。该项权力可以来自合同或口头约定或行业惯例。

以A公司与供应商1、供应商2、供应商3及供应商4的机体结构件采购协议项目作为供应商审计的案例，A公司在2010年与四家单位签过机体结构件采购协议。2015年四家单位提供了航材项目新的报价，此次报价包括2010年的原航材项目和部分新件航材项目。

（1）对于原航材项目的供应商审计方法。

四家单位的母公司MA公司集团提供了原航材项目的价格调整公式（从2010年调整到2015年）。基于公平原则、全成本核算原则和成本加成方法，对其价格调整公式进行了改进，提出了4个修正公式，这些修正公式均能将其2015年报价中的原件项目的价格压低很多，并反映了对方调价公式的不合理之处，维护了A公司的合法、合理权益，降低了采购成本。

基于双赢原则，根据对方提出的调价公式进行价格调整，实现目标的顺序是：首先，实现在对方提出的公式中的人工费（公式中对应的权重是25%）中分离出40%的部分保持不变，即基期价格的10%不变；其次，调价公式中包含了对美国指数进行汇率调整。最后，实现对公式中设计指标的公正、合理的确定。

（2）对新件项目的供应商审计方法。

对于四家单位的新件项目，采用了新件与原件项目类似项目的匹配分析，标准成本还原分析（should - cost）方法。另外，抽取部分典型样本需供应商进一步分解报价，指出或者论证了对方新件项目价格的不合理或者虚高部分，有力地支持了A公司的价格谈判工作。

6.2 航材产品价格调整的机理研究结论

在对A公司产品进行调价时，应遵循三项基本原则——适时原则、适度原则、适地原则，兼顾多项因素——市场反应、竞争者反应等，做出符合A公司实际市场角色与盈利目标的调价决策，以保证相关服务的市场渗透以及公司的长远可持续发展。

对于重复采购航材，如何根据航材的基期价格进行合理的、公允的调整，一直是买卖双方很关注的议题之一，但是鲜有文献对其中机理进行深入分析。通过对航材价格调整机理的研究，既可以为A公司重复采购的航材项目谈判提供参考，也可以为A公司对出售航材提供调价依据。选取A公司24个不同航材（成品件）的采购调价案例，经过描述统计及非参数的spearman相关分析发现，调价公式中的人工费、材料费及不变部分的权重比例平均值分别为0.53∶0.41∶0.06，这三部分的权重具体取值应该根据标的成本构成情况和行业惯例确定。基于调价公式的调价幅度基本上都存在拐点的设置，而拐点多数设为0.022及0.044，这与案例中的供应商所在国的10年期国债年利率水平有一定相关关系。因此，基于调价公式计算的增长率的上拐点可以用同期或近期10年期国债年利率的取值直接确定。

对于重复采购项目，A公司与价格调整的合约方应该就以下条款达成一致：确定价格调整的基期、报告期（调整期间）；调价公式中各指标项目的选取及其权重确定，确保所选用的价格指数含义清晰可用，确保各指数的权重与产品的成本构成要一致且兼顾行业惯例，明确是否需要供应商提供成本构成及其变化的证明；调价幅度的拐点（阈值）设置；调价的间隔期间（如设定价格调整的冻结期，一次调价后所适用的期间）；明确是否设立“风险共担”条款，即是否由合约双方按照一定比例分别负担价格上涨超过一定幅度后的部分。

调价所用的当期指标还没有公布时，可用其近期指标代替，或者采用预测值。上文采用当期的10年期国债利率及当期GDP增长率与上拐点的相关性检验是从事后的检验视角，证明上拐点和当期的实际指标有较高的相关性，这是因为上拐点在设定的时候，虽然当期的相关指标还没有发布，但是供应商会直接使用相关指标的近期数据或者相关指标的近期数据预测其当期的数值作为调价公式中上拐点设置的参考。

另外，在样本各案例的调价规则中均没有对所选择指标进行季节性调整。因为价格调整通常是为了反映成本变化引起的航材产品的价格变化，合约方在他们的价格调整方案中通常不会剔除价格的季节性变化，季节性调整指数不适用于调价协议。

6.3 航材产品的服务模式与定价策略研究结论

总结了航材产品定价战略与原则。

(1) 航材定价战略。确定一个明确的定价战略，且与整个市场营销战略相联系，以对客户需求的深刻理解、有竞争力的定位和客户吸引力为驱动。积极管理客户对价值的理解和价格的预期。基于价值定价，根据给客户提供的产品价值制定价格。设计有意义的、客户愿意付钱购买的价格。掌握客户所关注或寻找的非价格方面的利益（价值），对产品设计和生产进行调整，满足客户潜在需要，并通过营销将这些价格最终传达给客户。创建一个基于细分市场的价格—产品组合。

(2) 航材定价原则。①全面、公开、透明原则。②集中定价原则。

A公司航材相关产品类型主要有资料交付及培训类服务和航材相关类服务。分析了客服框架下的航材产品定价特点、影响因素；提出了航材产品定价的基本模式。确定航材相关服务的成本是对航材相关服务产品进行定价的基础；产品成本确定后，可以根据成本加成或者参考竞争对手价格或者市场需求进行定价。对于A公司采购并转让给客户的成品件（不需要A公司加工），定价方法主要是在A公司采购价的基础上，加收一定比例的管理费、利润等作为A公司销售价格。对于非成品件，参考医疗服务项目的定价方法，结合航材相关服务产品的实际，先提出航材相关服务的成本价值确定方法，然后根据成本加成法或者其他定价法确定航材价格。

航材 FHS 服务模式与定价的相关结论。在民机客户服务中，采取按小时付费服务模式有利于形成稳定的客户关系和工作量，有利于促进深度维修能力的开发。FHS 是航空公司和 MRO（维修商）之间的一种按小时付费（PBH）的服务协议，本质上是一项平摊飞机维护成本以及消除突发故障资金风险的金融服务。用户定期按照飞行小时数支付一定金额，维修计划提供商就能为客户支付几乎所有飞机定检和故障维修的费用。介绍了航材 FHS 服务设计要点，主要内容包括宗旨与支撑条件、构成要素。并在附录 2 给出一个实例供读者参考。

中国政府已经将民机产业列入了国家战略性新兴产业发展规划，确立了参与世界民机市场角逐的国家意志，A 公司对我国国产大飞机及相关支线飞机在国际市场竞争中的重要作用毋庸置疑。A 公司航材相关产品的价格是决定其在激烈的市场竞争中不断拓展市场份额和获取利润的关键。由于服务产出与消费的互动本质，使得服务价格管理具有复杂性。产品的价格管理在企业经营决策中直接影响产品是否成功、盈利潜力是否最大化、品牌是否能够建立。企业需要根据产品和服务的阶段性以及竞争对手动态调整自己的价格。价格高低直接影响 A 公司的利润、市场占有率、竞争能力。对于 A 公司而言，价格不仅意味着客户必须补偿的成本，而且要传递服务质量，把客户需求向能够增加利润的时间或产品系列转移，以提高公司的长期盈利能力。对于飞机购买者而言，客户服务产品价格传达着服务价值的信息。购买者希望用自己的购买力换取至少等值的服务效用，但客户的价值判断要在获得服务收益和综合感受之后才能做出，所以更多的消费决策是在对价格信息的感受基础上直接做出的。因此，对客户服务主要内容之一的航材价格管理的研究意义重大。

附　录

附录 1　航材价格管理操作手册①

1　范围

本手册阐述了对客户服务框架下的航材价格管理，重点阐述了对航材采购核价、航材相关产品调价、航材产品定价的要点。

2　航材核价操作要点

基于核价目的的航材材料分类。基于便于审价的目的，将航材分类为成品件、机加件、装配件、钣金件、非金属、其他；按照备件材料构成要素等又进一步分类为成品件、铝、钢、钛、铝钛、橡胶、复合材料、非金属件。依据备件及其材料类型进行相应的审价工作。

（1）新件（首次）购买航材的核价。

对于首次采购航材项目的核价，采用新件与原件项目类似项目的匹配分析和标准成本还原分析（should－cost）方法，抽取部分典型样本使供应商进一步分解报价。

①新件项目中新原件类似项目审核。

在供应商报价中，从机加件中选取尺寸接近、材料及规范相同的新件项目与原件项目进行材料费还原。

②新件项目中新原件非类似项目审核。

① 本手册是作者基于前文的研究而总结的实务操作规则与方法，可供读者在进行航材价格管理时学习、参考。

供应商报价分解。根据管理会计学及价格学相关理论，产品的价格可以由制造成本、相关税费及利润构成。制造成本由单位产品制造过程中所消耗的直接材料、直接人工、制造费用构成。企业需要有足够的盈利才能生存与发展，因此产品的成本应能得到补偿并且还应该获取一定的利润。在所选案例中的供应商报价单中，产品单价遵循的基本上是成本加成（如利润等于成本的12%）的定价方式，总成本被分为材料费与人工费。材料费用主要是原材料的费用，人工费包含除了材料费、包装费外的其他主要成本，如人工时费、设备折旧费、无形资产的摊销费、水电费的补偿等期间费用。因此，对航材项目报价中的人工费审核，就是要审核除了材料费之外的所有计入产品成本的费用。航材产品的成本主要是直接材料＋直接人工费＋制造费用。制造费用也有部分间接的材料费用，其可以通过一定的标准或方法被分配到产品的成本中去。

抽样审核。基于重要性与全成本视角，抽取供应商新件项目中的典型样本；要求供应商提供样本件及下级零件的材料用量、材料单价信息及其工序名称、工时数、工时单价信息。将对方提供的样本成本信息与样本航材根据标准成本还原分析中得出的标准材料费、人工费进行比对，以检测对方报价中是否存在价格不合理。

材料费的标准成本测算。在CPC平台下载规范，补全型材的规格（横截面尺寸）；CPC平台核实管路件装机数量与重量数据；参考毛料尺寸、材料规范查漏补缺；金属材料单价查漏补缺；按照密度法测算材料重量（确定不同材料的重量计算公式；估算不同材料的下料尺寸；收集不同材料的密度；编辑公式，测算零件下料重量）。针对加工件中的钣金件与机加件，按材料利用率法测算材料重量，从上海飞机设计院、上海飞机制造厂等获得原材料单价，对计算结果差异较大零件，查数模进行核实。

对供应商的材料费进行现场审计。在征得供应商同意的前提下，可以对供应商样本件的材料费用进行现场审计，直接获取相关成本信息。航材产品的直接材料是指企业在生产该零件的过程中实际消耗的原材料、辅助材料、外购半成品、燃料、动力、低值易耗品以及其他辅助材料等。航材产品的材料费审计方法是：抽查产品材料成本计算单，看其耗用数量是否真实，采购价格是否合理；审查各材料成本费用的分配标准与计算方法是否真实合理，是否与汇总表中该产品分摊的数额相符；前后各期是否有较大变动及变动原因；抽查部分领料凭证，检查其是否经过授权批准并及时入账；对采用计划成本的企业，应检查计划成本有无重大变更，材料成本差异的计算、分摊、账务处理是否正确合理。

③人工费测算的方法。

样本件标准人工费的测算。航材报价中的人工费是广义的成本概念，包括除材料费外的所有成本费用。样本件的标准人工费主要根据上海飞机设计院、上海飞机制造厂等提供的相关航材件标准工艺下的工时数、工时单价等信息确定。对于直接人工费用的现场审核：抽查人工成本计算单，查看工资费用组成项目、分配方法及标准是否合理正确，是否与汇总表中该产品分摊的数额相符，前后各期是否有较大变动及变动原因，审查职工福利计提分配的合理性及会计记录是否正确、是否及时入账等。

对直接人工费的现场审核方法。首先，审查供应商归集到航材产品中的企业职工工资数据是否真实合理，审价人员一方面可通过生产单位人力资源管理部门的人员管理档案，获取生产部门工人数量；另一方面通过翻阅考勤记录和产量或工时记录这两个工资费用的原始记录，大致了解报价表中以前年度直接工资的数据是否真实，再推算出本年度可能发生的直接工资。其次，审查福利费的计提是否合理，按国家规定企业福利费应以工资总额的14%计提。最后，用产值和效益衡量工资总额的合理性，承制单位有时会通过工资上涨、提高直接工资和福利费来提高产品成本，所以审价时一旦发现工资上涨幅度大于产值上涨幅度的情况，审价人员就应认真审核工资的上涨是否合理，同时审价人员还要参考、比较近三年的数据。例如，虽本年工资上涨幅度不大，就单一年度来看是合理的，但通过翻阅上年的资料了解到，上年度已经有大幅度的上涨，两年工资合并上涨幅度明显高于产值上涨幅度，那么本年度的工资上涨就是不合理的。

对制造费用的现场审核方法。在航材成本分为材料费、人工费两大类的基础上，制造费用应根据一定标准分担到航材成本的材料费、人工费中。制造费用指企业内部各生产单位为组织和管理生产该零件所发生的车间管理人员工资、职工福利费、折旧费、修理费、办公费、水电费、低值易耗品，以及不能直接归入直接材料、直接人工的各种费用等。航材产品报价分解中的制造费用中有些是转到材料费的，比如一些低值易耗品。

对制造费用项目的审核应该包含如下内容：获取或编制制造费用汇总表，

并与报表、总账和明细账中的相关数据核对；审查制造费用明细账中的大额或例外项目，企业产品成本舞弊审计探究并追查至原始记录；审查制造费用的分配方法、分配率的确定是否合理，并体现受益原则和一致性原则；实施截止日测试来查看有无跨期摊配现象；如果采用标准成本法，应检查标准成本有无重大变更，制造费用差异的计算、分摊、账务处理是否正确、合规。

检查制造费用分配汇总表，航材产品应分担的制造费用与成本计算单中的制造费用核对是否相符。在制造费用中所占比例最大的是工资福利费和固定资产折旧、修理费，审价人员应重点审核这两个方面。对固定资产折旧费的审查，首先，弄清哪些固定资产应计提折旧，哪些固定资产不应计提折旧；其次，弄清生产单位应计提折旧的固定资产的数量、原值、折旧年限、折旧方法等。按规定生产单位除已提足折旧仍继续使用的固定资产和按规定单独作价作为固定资产入账的土地之外，所有固定资产都应计提折旧。对固定资产修理费的审查，主要审查修理费用是否发生、计入当期成本的修理费是否合理、日常修理和大修理的界限划分是否清楚等，以免修理费用不均衡分担导致成本费用虚增，特别注意的是计入固定资产修理费的只能是车间的修理费。

（2）原件（非首次）购买航材的核价。

非首次采购航材，买卖双方一般会协商再次采购航材的价格调整幅度，价格调整的幅度一般使用调价公式的形式制约，调价公式设计的机理参见本手册第3部分；根据调价公式审核航材产品涨价幅度的合理性。调价公式常用的指数主要有PPI、劳工（人工费）指数，少量的调价会涉及CPI。调价公式中涉及不同指数时，注意选取指数的年份、时期长度等口径的一致。指标的计算有以固定年份为基础的定基计算，也有环比计算，应在调价公式的合同允许的情况下，测算具体采用哪种计算方法对我方有利。各指数构建的数据源应具有代表性、权威性，且数据源能够公开获得。如果指标获取过程均需附说明，并且指标获取的过程、结果能被他人所验证。鉴于某些指标只有年度值（如各省的年平均工资数），所以相关指数只选择调价所涉及的官方公布年度值；如果没有对应年度的，取其最接近年度值。调价指标中涉及中外两类指标的，在考虑汇率折算率对我方有利的情况下，应该考虑汇率折算因子。

（3）对于供应商外购成品件的审价方法。

成品件是供应商的外购项目，经审核后接受供应商在其采购成本的基础上加收合理手续费的定价方式。成品件是供应商的外购项目，其采购成本全部视同为材料费，必要时请供应商提供相应的购货发票、合同等以支持其采购成本的真实性与准确性。

3 航材调价操作要点

（1）价格调整公式一般式。

价格调整公式常用的一般式如下：

$$P_n = P_{n-1}[A \times (L_{n-1}/L_{n-2}) + B(M_{n-1}/M_{n-2}) + C] \tag{1}$$

公式（1）中，P 为价格，L 为劳工指数，M 为材料指数。系数满足 $A + B + C = 1$ 的约束条件。P_n 是交付时第 n 期的价格；P_{n-1} 相对于交付期的基价；L_{n-1}/L_{n-2} 表示第 n－1 期比 n－2 期的劳工成本增长倍数；M_{n-1}/M_{n-2} 表示第 n－1期比 n－2 期的材料成本增长倍数。这里，L 与 M 的相关指标之所以选取第 n－1 期与 n－2 期的比值而不是第 n 期比 n－1 期的比值，是因为 L 与 M 的在第 n 期的相关统计指标往往要在第 n＋1 期甚至更晚才能统计公布出来，所以，公式（1）中的分数中分子、分母的时期选择应该是调价计算日所能收集到的最近的时期与其滞后一期。公式中，A 是 L 劳动力成本相关指标的系数，其代表的是劳工成本在总成本中所占权重；B 是 M 材料成本相关指标的系数，其代表的是材料在总成本中所占权重；C 是不变的比例部分，其代表的是基期总成本中有 C 部分不随时间变化，其取值范围一般是 0～0.1。

另外，调价规则中一般不会对所选择指标进行季节性调整。因为，价格调整通常是为了反映成本变化引致的航材产品的价格变化，合约方通常在他们的价格调整方案中不会剔除价格的季节性变化，季节性调整指数不适用于调价协议。

（2）调价拐点的设定。

样本中调价拐点的设置机理。将采用调价公式（1）计算的价格变化率设为 X，对 X 的拐点做出的限制，主要是以 2.2%、4.4% 作为 X 分段涨（跌）幅的拐点（或界限）；下拐点都是 2.2%，上拐点主要是 4.4%，还有样本的上拐点是 2.2% 及 5%。如果明确 X 不能负增长，那么这也算是 X 取值的拐点（或界限）。由于调价公式主要反映供应商的重复被购买航材相对于基期成本变化而引致的价格调整，因此重复被采购航材的成本变化的主要影响因素都来自供应商所在国相关成本指标的变化。航材的材料费、人工费的变化的主要驱动因子是利率变化。当利率上升给企业带来的融资成本加大时，企业会通过调整产品的价格来转移这种压力。经采样后作相关性假设检验发现，上拐点取值与10年期国债利率与年度GDP增长率都有正相关关系。由于10年期国债利率数据在国际主要供应商所在国及我国会提供合同日最近时期的年度、季度、月度的数据，相对于GDP增长率的相关数据获取更方便；而且10年期国债利率一般作为无风险利率的代理变量，作为资金的主要成本之一，所以10年期国债利率数据在调价实际工作中的应用更广泛。综上所述，基于调价公式计算的增长率的上拐点可以用同期10年期国债利率的取值直接确定。

需要强调的是，在实际调价工作中，当年、当月的10年期国债利率，以及当年的GDP增长率还没有公布数据，但是可以使用权威机构发布的最近期10年期国债利率、GDP增长率的数据，或者根据相关指标的近期值而对其当期值进行预测。

在被抽样的24个合同中，14个样本都明确提出了所采购系统件的零备件的价格处理方式：供应商给予采购方采购的系统件的零备件价格将是供应商目录价格的5%～30%的折扣，由采购方卖给其客户。而且，合同一般都规定采购方的客户不能直接向系统件的供应商采购零备件。同时，有5个合同提出了最惠买家待遇条款，不得无故撤销。

（3）调价相关指标的甄选。

世界各国统计局网站可以在中国国家统计局网站首页底部的国外统计网站查询。

①劳工指数选择。

国内劳工指数的甄选。我国国家统计局及各省统计局计算并公布了几种与工资指数构建有关的相关指标。比如，城镇人员平均工资及指数、按行业分城镇单位就业人员平均工资等。根据这些平均工资或指数就可以计算不同期劳工成本的变化情况。另外，也可以通过各省社保局网站，查询不同期社会平均工资，以此来计算目标省份的不同时期劳工成本变化；不过，这个社会平均工资水平衡量的是省内不同行业、不同工种的平均工资水平，对刻画具体某个行业劳工成本变化的代表性较差。

国外相关劳工指数的甄选。以美国为例，美国国家劳工统计局提供了 ECI（The Employment Cost Index，雇佣成本指数）以衡量劳工成本变化，它衡量劳工成本的季度变化，持续衡量了全部工薪成本的指标，提供了按照职业、工业和区域分类的子序列，并且不同子序列给予了不同的唯一代码，方便查询与使用。

②材料指数选择。

国内材料指数的甄选。以航材产品为例，其主要材料有铝、钢、钛、复合材料、橡胶等，飞机用铝主要是铝合金，用钢是特种钢。国内铝指数可以选用上海期货交易所沪铝价格指数，或者采用“钢之家”网站计算的铝指数。航空用钢指数可以选用“上海钢联”公司或者“钢之家”计算并发布的特种钢指数。橡胶价格指数可选用“中国流通产业网”计算并发布的“中国大宗商品价格指数（China Commodity Price Index，CCPI）”中的橡胶价格指数。航材产品调价时，也可以使用 PPI 综合反映航材各种材料的价格变化。

国外材料指数的甄选。以美国为例，美国相关材料的 PPI 在美国劳工统计局网站可以查到，它衡量了采矿业、制造业、服务业和建筑业提供商的产品价格变化。美国 PPI 有三种结构：第一种，最终需求与中间需求系统结构（Final Demand - Intermediate Demand System，以下简称 FD - ID System）。FD - ID System 的最终需求部分度量了销售给个人的消费品、资本投资品、销售给政府以及出口的商品的价格变化。FD - ID System 的中间需求部分度量了销售给企业作为产品原材料的商品、服务以及建筑业产品的价格变化，不包含资本投资品。第二种，商品类型结构（Commodity Type）。商品类型结构对商品按照相近的最终使用或者原材料组合进行分组，它不考虑商品的行业来源。第三种，行业及其产品类型结构（Industries and their Products）。行业及其产品类型结构度量了不同行业产品的价格变化，它追踪销售给外部行业的产品和服务的价格变化，并且，它反映在北美行业分类系统（NAICS）所定义的行业总的净产出。

③不变成本的确定。

航材供应商的单价遵循的是成本加成的报价方式，即把航材的全部成本分为材料费、人工费。材料费用主要是航材产品材料的费用；人工费在这里是广义的成本费用概念，其包含了除材料费、包装费外的其他全部成本，如人工费、设备折旧费、无形资产的摊销费、水电费的补偿等费用。人工费在基期所涵盖的成本费用中，应该有一定比例的费用不随时间的变化而变化，通常设定为10%。例如，年限平均法（直线法）下的折旧费用、摊销费用每年相等，这类费用应该不随时间变化，在调价公式中应该反映出基期费用水平的一定比例不变。

④调价阈值的确定。

依据调研，重复采购航材的调价一般会设有调价阈值，即调价拐点。根据航材采购的国际市场规则，调价拐点一般设置为2.2%、4.4%附近；调价的上拐点在一定程度上受外国供应商所在国的10年期国债利率（即无风险利率）的影响。10年期国债利率目前是国内外市场公认的利率市场风向标，被投资者普遍接受为判断利率走势、经济走势乃至宏观调控政策的标志性指标。

对于主要产自国内供应商的航材调价，遵循国外航材供应商的调价方法，基于调价拐点设置的机理分析；在调价规则设定时，可以设定一个基于当期（或最近期）中国10年期国债利率水平的调价幅度区间。需要强调的是，根据调价公式计算出来的价格增长率有可能是负数，这时需要根据我方利益，决策是否允许负增长。

⑤基于调价公式的价格涨跌风险的分担方式。

根据调价公式计算出涨跌幅后，又对涨跌幅做出限制，体现了买卖双方对基于价格公式计算的涨跌幅的修正，体现了风险的分担方式，即或者完全由买方承担，或者双方共担风险。基于对我方有利原则，可针对调价公式设计风险分担机制。例如，设调价一般公式（1）计算的涨幅为X，则X的取值限制为如下结果时，体现了不同的价格涨跌分担机制。①设置为$X-0.022$；②设置为$0.5\times X$；③设置为$0.022+(X-0.05)$或$0.022+0.5(X-0.05)$；④设置为$X-0.011$；⑤允许负增长。以表明⑤允许负增长为例，卖方在基于调价公式计算出的产品的价格下降时，基于合理与公允原则，愿意让利，并全部承担价格下降的风险。

（4）调价注意事项要览。

对于重复采购航材，价格调整的合约方，应该在以下条款达成一致：确定价格调整的基期、报告期（调整期）；调价公式中各指标的选取及其权重确定，确保所选用的价格指数含义清晰可用，确保各指数的权重与产品的成本构成要一致，明确是否需要供应商提供成本构成及其变化的证明；调价幅度的拐点（阈值）设置；调价的间隔期间（如设定价格调整的冻结期，一次调价后所适用的期间)；明确是否设立“风险共担”条款，即在合同中规定，是否由合约双方按照一定比例分别负担价格上涨超过一定幅度后的部分。

4 航材定价操作要点

(1) 航材分类概论。

合理的航材分类是航材定价的基础。基于便于航材定价目的，结合航材的6大特性：①局限性；②保障性；③先行性；④波动性；⑤服务性；⑥隐含性。将A公司所生产客机的航材分为：第一类，可修件(Repairable Spare Parts)；第二类，消耗件(Expendable Spare Parts)。第一类可修件与第二类消耗件有很大的不同，其具有使用频率较低且规律性不强、可用性要求高、专用性强、单价高、生产周期长、寿期不确定等特点，管理难度相当大。第二类航材具有使用量大、使用频率较高、需求稳定等特点，易于管理。对第一类可修件的管理是航材管理的工作重点。

第一类航材管理水平的高低对航材制造商和航空企业的总体经营目标有着重要影响。根据航材的6大特性、使用寿命和经济性等多属性对第一类航材再进行细分，形成A类航材、B类航材及C类航材三类。对于A类航材，可以根据平时的拆换率、送修周期、部件寿命等综合因素进行重点计划和控制；B类航材不必像A类航材那样花费太多精力，只需严格按影响库存时限科学流程进行一般管理；C类航材可以只实施一般性管理，可按总额灵活掌握。消耗件为D类航材，主要使用电脑进行自动管理(如有需要辅以少量的人工管理)，以提高管理的效率。

(2) A公司航材相关产品类型。

①资料交付及培训类服务。

航材供应资料交付。航材供应资料交付主要包括ATA类文件交付和非ATA类文件交付。ATA类文件提供以固定格式文件形式列举的主制造商AIPC中机体和发动机的所有零部件信息。非ATA类文件根据客户的运营参数和要求，对航材进行客户化推荐，包括航线可更换件(LRU)、COMAC专利件、航线维修件(LMP)。

RSPL(Recommended Spare Parts List)文件交付。RSPL是根据客户的运营参数制定的客户化的文件，用于首批航材推荐时客户确定采购航材项目与数量。

航材管理理论培训。航材采购与供应链管理基本理论、库存控制方法、库存计划制订、库房管理等的培训。

RSPL 培训。对 RSPL 进行培训，包括 RSPL 的制作流程、格式、内容及其解释。

②航材相关类服务。

航材供应。客户可以通过 Web、E-mail、传真和电话等方式向航材支援中心订货，航材支援中心向客户提供部分紧固件、机体件半成品及其技术资料，所有表单格式统一，并符合《ATA SPEC 2000》等行业标准。

航材送修。根据客户的申请和要求，代表客户与维修商谈判，并要求维修商对客户的航材进行维修。

航材租赁。对于昂贵的、可维修的飞机航材，航材支援中心向客户提供航材租赁服务，提供可租赁航材清单、租赁价格等服务。

航材交换。航材交换包括以下几种情况：根据客户交换订单的基本航材提供交换服务；在客户的故障件拆下飞机之前将可用件交付给客户；在客户送修件不能满足客户要求时限时提供交换件给客户。

航材回购。根据“飞机购机合同”条款，客户可以将航材连同相关单据一同返还到航材支援中心，并注明申请退货、回购原因。航材支援中心将仔细检查返回航材，如出现质量问题，航材支援中心应立即采取相应补救措施。符合回购条件的航材，航材支援中心提供回购服务。

航材索赔。在索赔期限内，客户可以通过 Web、E-mail、传真和电话等方式向航材支援中心提出有关航材的索赔申请，航材支援中心根据《购机协议》中的担保索赔条款，与客户协商一致后做出更换、修理、赔偿等担保措施。

航材寄售。针对标准件、消耗件、化工品以及其他的价值高、消耗率高的航材，在客户端寄售，用后付费，定期结算。

工具/GSE（Ground Support Equipment）租借。主要包括 GSE、特殊维修工具、检查工具、测试工具、工装设备等的租借。

（3）航材产品定价战略与原则。

①航材定价战略。

确定一个明确的定价战略，且与整个市场的营销战略相联系，以对客户需求的深刻理解、有竞争力的定位和客户吸引力为驱动。积极管理客户对价值的理解和价格的预期。基于价值定价，根据给客户提供的产品价值制定价格。设计有意义的、客户愿意付钱购买的价值。掌握客户所关注或寻找的非价格方面的利益（价值），对产品设计和生产进行调整，满足客户潜在需要，并通过营销将这些价值最终传达客户。创建一个基于细分市场的价格—产品组合，一方面，可以通过提升产品的性能和相关服务为客户创造更高价值，并通过捆绑销售以更高的价格获取更高利润；另一方面，可以从客户实际需要的价值出发，对产品和服务进行战略性“松绑”（如降低产品性能、质量保证、减少服务），使价格更加符合客户对价值的预期（即客户愿意支付的价格），在降低生产服务成本的同时保证相同的盈利性。

②航材定价原则。

全面、公开、透明原则。制定全面的定价规则，对目标客户公开、透明航材产品的定价、折扣和其他客户激励规则。创建客户和产品的主要信息库。对客户的高成本行为收取附加费用（如紧急订单等）。与客户进行积极主动的沟通，使客户在支付价格与获取价值之间权衡取舍。这样能促使采购部门向实际需求部门征求意见，甚至主动询问和分享信息来选择最佳的价值匹配。最终买卖双方获得双赢，形成良性循环。

集中定价原则。将价格管理从表单的形式、个人台式机处理的方式转化为一个集中的定价系统。动态地将定价系统连接到 ERP、CRM、供应链等系统。使高层管理人员参与到定价决策过程之中，建立集中的定价组织制定定价政策，厘清参与定价决策的人在价格制定过程中的权责。价格政策执行时，授权销售部门人员，使他拥有决定具体交易价格的灵活性，但必须严格遵循定价政策。对于客户重复采购的航材项目采用长期合约和公式调价，通过与客户签订长期合约，客户提前下单，能更好地匹配产能的利用或者优化采购量，实现产供销的协同；通过公式定价，在透明的框架下，让客户负担或者与客户共担原料价格或下游需求波动的风险，并将销售人员从与客户频繁的价格谈判中解放出来，提高销售活动的有效性。

（4）客户服务框架下的航材相关产品定价特点。

①客户服务不是单独存在的，其目标客户是已经购买飞机的客户。服务的对象是已经或即将购买该类产品的顾客。只有已经或即将购买该类产品的顾客，才有可能需要相关的航材产品延伸服务。事实上，航材产品延伸服务是以产品为基础、以顾客偏好为导向的业务拓展。没有销售出产品就没有服务的对象，这也是产品延伸服务区别于其他服务的根本所在。因此，航材产

品延伸服务业务的规模受已购买该类飞机产品顾客群体的制约。

②客户服务的质量对飞机销售的影响是重要的，其影响程度比客户服务价格对飞机销售的影响要大得多。因此，在进行客户服务相关产品定价时，过低的价格一般来说是不可取的，优质的客户服务质量才能使客户接受服务的价格。

③客户服务具有相对的垄断性。飞机的销售具有竞争性，但由于客户服务针对具体的机型，其竞争性不是特别突出，有些客户服务（如出版物、专利航材等）完全是垄断性的，有些客户服务后期可能出现一定的竞争性（如第三方培训、第三方航材）。对垄断性的服务项目，除非在购机商务协议中有明确的规定，后续服务的实际成交价格可以以服务的报价为准（没有折扣或有小折扣）。

④产品延伸服务以是否有利于提高顾客的满意度，并让顾客在消费过程中获得额外价值为基准。只有当一项产品的延伸服务业务能给顾客带来额外的价值时，这项服务业务才有被实施的可能。这是产品延伸服务业务推出的前提条件。

（5）航材价格影响因素。

①产品类型及定位。航材产品类型有 AOG、发动机、设备、结构、改装等，每一类航材都是独特的定价战略、不同的规则和工作流的组合。企业在定价时，除了考虑成本、期望毛利率、竞争对手的价格等各种因素之外，还必须考虑产品品牌在市场的现实地位以及企业对品牌的期望定位，综合做出定价决策。公司品牌定位在相当长的时期内是稳定的，最初所确定的品牌定位不应变化。

②客户。航空公司、飞机租赁公司等。由于 A 公司产品的特殊性，其销量或需求不会有太大的变化。

③竞争态势。竞争态势对定价有巨大影响。企业必须考虑动态环境和竞争对手之间的力量对比，寻求合适的定价战略。这里的竞争态势指的是客户服务的竞争态势。客户服务（产品延伸服务业务）与飞机产品的销售联系密切，相互间存在一定的内在关系。飞机产品与产品延伸服务是有条件互补的关系，即购买产品延伸服务的消费者必须购买产品，产品是延伸服务的平台，不购买产品只购买延伸服务是无意义的。因此，产品延伸服务定价受到产品售价的影响。另外，产品延伸服务的定价也受产品延伸服务市场上服务提供

者的数量及其竞争程度的影响。在完全垄断环境下，捆绑定价通常是一种常用的定价策略。在初期，客服产品处于完全垄断环境。

④生命周期。产品的生命周期对于战略性定价有显著影响，而生命周期的各个阶段对定价的影响又有很大不同。在不同的生命周期应该采用不同的定价方法。

⑤成本。无论采用何种方式定价，成本控制都是始终需要做的。随着机队规模的扩大，成本必然下降。这时对定价影响并不大（后文所使用的成本并非初期的成本），因此可能获得更大的利润。

⑥通货膨胀。世界范围内持续的通货膨胀，使得企业的成本费用不断提高。与劳动效率增长不相称的成本增长速度，压低了企业的利润空间，使得许多企业不得不定期提高产品价格。

⑦相关政策。国家相关政策也是影响 A 公司产品定价的重要因素。研制大飞机对提升一个国家的整体实力，带动产业升级，促进科技进步，形成国民经济新的增长点等的意义更大。政府可以从很多方面影响公司的定价政策，比如关税、税收、汇率、利息、竞争政策以及行业发展规划等。A 公司应积极争取有利的政策以弥补前期的亏损及推动飞机产品的销售。

⑧外汇汇率。如果航材原材料或者航材产品整体从国外进口，则航材的价格将受到供应商所在国的本位币与我国人民币的汇率折算影响。

（6）客服框架下航材相关产品定价的基本模式。

对于客服框架下航材产品的定价，可以借鉴相关服务业权威定价方法。2012 年国家发改委、国家卫生计生委、国家中医药管理局发布的医疗服务价格规范中提出了物资消耗、基本人力消耗及耗时、技术难度、风险程度等价值因素是制定医疗服务价格的重要依据。国内也有研究者提出了基于以资源为基础的相对价值的权数分配法，纳入工作绩效、医疗事故等因素的价格模型等。

确定航材相关服务的成本是对航材相关服务产品进行定价的基础。产品成本确定后，可以根据成本加成或者参考竞争对手价格或者市场需求进行定价。对于我方采购并转让给客户的成品件（不需要我方加工），定价方法主要是在我方采购价的基础上，加收一定比例的管理费、利润等作为我方销售价格。对于非成品件，参考医疗服务项目的定价方法，结合航材相关服务产品的实际，先提出航材相关服务的成本价值确定方法，然后根据成本加成法或者其他定价法确定航材价格。

①航材相关服务的成本价值确定方法。航材相关服务的成本价值是综合实际人工工作量及材料消耗等因素而测算得出的，可将其分为标化人工价值和标化材料价值。其中，标化人工价值是在正常情况下，以各类人力平均消耗为主，并结合技术难度、风险程度、时间限制，去除可单独收费的其他费用（如差旅费用）等计算得出的；标化材料价值是指航材相关服务的材料成本等。

特定航材标化服务成本 = 人工成本 + 材料成本 = Σ 标化人工价值 × TE × R × T + Σ 标化材料价值

其中，TE、R、T 分别为技术难度系数、风险系数、时间限制系数。这些系数可采用李克特 5 级量表进行度量，设定中间级的系数为 1，其他级的系数级差（如级差可取 0.2、1 的）应该根据特定服务的具体情况来确定。

特定航材服务产品的标化人工价值测算步骤：首先，确定标化人工薪酬参数；选取 A 公司的提供特定航材产品服务的技术人员（参与服务人员中如有非技术人员按照当量折算）薪酬区间平均数，作为该类服务的标化人工薪酬参数。其次，测算单位人工耗时价值，其基本公式为：单位人工耗时价值（小时）= 各类技术人员薪酬水平/（12 个月 ×22 天 ×8 小时）。最后，测算人工成本：人工成本 =（Σ 单位人工耗时价值 × 工时）× TE × R × T。

②成本加成法。成本加成法关键要确定成本利润率的合理取值区间。成本利润率 = 利润总额/（营业成本 + 财务费用 + 销售费用 + 管理费用）；A 公司的成本利润率取值可参考波音、空客等标杆企业的成本利润率取值区间，再做合理调整。通过分析波音、空客的某一年度财务报表，即可计算出该年度其成本利润率信息。波音、空客等标杆企业提供的是已经成功且日臻完善的产品和服务，A 公司作为市场的新进入者，适当的低价策略是可取的。A 公司在使用成本加成定价过程中，可以根据波音、空客最近三年度的成本利润率为基础，结合不同服务的特点，可确定出低于波音、空客 1% ~10% 的成本利润率水平。

③其他定价法。其他还有需求导向定价和竞争导向定价等方法。需求导向定价是指按照顾客对商品的认知和需求程度制定价格，而不是根据卖方的成本定价。这类定价方法的出发点是顾客需求，认为企业生产产品就是为了满足顾客的需要，所以产品的价格应以顾客对商品价值的理解来制定。竞争

导向定价以市场上相互竞争的同类商品价格为定价基本依据，以随竞争状况的变化确定和调整价格水平为特征，主要有通行价格定价、密封投标定价、竞争价格定价等方法。竞争导向定价考虑了产品价格在市场上的竞争力，该种方法的缺点在于过分关注在价格上的竞争，容易忽略其他营销组合可能造成产品差异化的竞争优势，容易引起竞争者报复，导致恶性竞争，使公司毫无利润可言，实际上竞争者的价格变化并不能被精确地估算。

附录 2　某公司 FHS 模式下航线维修服务与定价设计模板

1　提供的服务与权利

1.1　公司应从自己的元件库存或与拥有该元件的指定供应商签订协议，向公司运营基地提供可用的替换件。所有提供给客户的可用替换件应符合中国民航总局和 JAR 145 或 FAA 145 的规定或客户内部可用标签。

1.2　交换件的供应。公司应提供飞机的所有可修件替换件，除了那些不包括在本附录中提到的元件，那些组件是在先行交换业务中从飞机上取下的不可用组件的交换件。

1.3　如果需要那些在本附录中没提到或不是按飞行小时收费的元件，公司应尽力通过租赁或交换来供应该元件。

1.4　根据以上的条款 1.1 和 1.2，客户应使用公司的材料需求订单（MDV）。发布给客户的采购需求单按如下要求。

1.4.1　AOG（飞机停飞）订单（重要性 1）。

公司应尽最大努力在主要运营基地收到完整订单的 90 分钟内优先处理客户重要性为 1 的元件 AOG 订单。

1.4.2　紧急订单（重要性 2—A & B）。

公司应尽力在主要运营基地收到完整的航材订单后，在允许的延期时间内（重要性 2 A：24 小时，重要性 2 B：72 小时）优先进行处理。

1.4.3　普通订单（重要性 2—C & D，重要性 3）。

公司应尽力在主要运营基地收到完整的材料订单后，在允许的延期时间内（重要性 2 C：10 天；重要性 2 D 和重要性 3：120 天）进行处理。

1.5　本地库存需求——服务水平。

本地库存应由公司提供的寄售库存组件和客户拥有或租赁的组件组成；公司应协助客户确定本地库存的价值，并且提供一个这些元件的清单；公司应协助客户对客户拥有的满足支援需求的多余元件进行处理。重要性为 1 的元件本地库存的服务水平应达到平均 97%；重要性为 2 的元件本地库存的服务水平应达到平均 95%；重要性为 3 的元件本地库存的服务水平应达到平均 92%。

1.6 运输。

公司和客户应负责运输的费用。

1.7 不可用件的重新认证。

公司应负责和支付不可用件的维修和重新认证的费用，这些不可用件是因操作不可用从飞机上拆卸下来，然后送回公司的。

1.8 公司在本协议期间应贯彻实施适航指令以及基本库存和寄售仓库的强制服务通告，以确保那些供应的元件符合强制需求。

1.9 对于包括在附录中的元件，公司应承担所有与元件有关的咨询通告和服务通告的费用，每次改装收费。客户应承担这些咨询通告和服务通告剩下的费用，使其符合适航要求。客户还应支付选装和可选服务通告的费用。

1.10 所有公司提供的元件符合以下标准：符合 CAAC 和 JAR145 或 FAR145 的规定，并且还应同时拥有原始证书文件。

1.11 客户服务平台。

公司应维持一个完全人工的客户服务平台来管理所有的元件需求。该平台应一年 365 天 24 小时全天候提供服务，并且应处理可能产生的其他需求或运营需求的组建需求。

1.12 运营基地外的本地部件支援。

根据本协议的条款，如果有需求，除了在客户主要运营基地，公司将为正在当地维修的飞机提供服务。客户应确保满意的协议有助于处理根据本协议条款、本协议覆盖的所有元件。

1.13 获取客户机型运行数据的权利。

公司有权授权人员每天收集、核实客户机型的运行数据（飞行航段、飞行小时、飞行循环、故障信息），客户应在此方面予以配合，并授权人员对公司每天统计的机型运行数据予以确认。

2 客户责任

2.1 当有合理需要时，公司要求客户免费提供以下材料。

①可靠性报告；②以小时或循环得出的月元件拆卸率；③每架飞机在拆卸后七天内供应的元件运行小时数和起落循环；④每架飞机月飞行小时和起落次数；⑤与寄售库存相关的数据；⑥空客每架飞机的航材推荐清单；⑦每架飞机的客户化图解零件目录；⑧客户每年机队计划的复印件；⑨其他要求

的合理技术数据。

2.2　在以下时间节点内，将从飞机上拆卸下来的不可用件运到公司指定地点：对于归还公司的基本库存事先交换的元件，在客户收到公司发出的等价可用替换件后两个工作日内将元件归还给公司；对于归还到公司本地库存的元件，在其从飞机上拆卸下来的两个工作日内归还给公司；十五天内未归还给公司的元件将被认定为遗失，客户应赔偿公司该元件的等价替换件。

2.3　所有归还给公司的可用件应附有公司提供的原始文件或认可的修理机构发布的证书。

2.4　所有从飞机上拆卸下来的组件应附有标签，表明其是公司财产。

2.5　开始服务前，客户应确保所有安装在飞机上的零件是可用的，并且附有所需的 FAA（美国联邦航空管理局）或 EASA（欧洲联邦航空管理局）认证标签。

3　执行标准

3.1　客户应对发现的飞机系统缺陷以及因此而需要的替换件负责。

3.2　在 AOG 紧急状况下，如果紧急订单仅是由于公司没有将其列在附录中，并且公司尽力发货也不能阻止延误或客户商业运营的取消，客户可以要求从其他公司租赁或交换元件，但事先需征得公司的同意，不应被无理由拒绝。在向可用资源下订单之前取得公司的同意，并且符合本附录条款 3.1，公司应支付从其他公司租赁或交换元件的费用。

3.3　如果某一元件短缺导致两个或更多的 AOG 订单，公司应确保在本地库存中总是存有一个该元件。

4　定价模式

4.1　元件飞行小时收费。

元件飞行小时收费是基于每架飞机每年 3000 小时的最少保证飞行小时而定的。取决于客户的运营模式，最少保证飞行小时最大可以有 5% 的浮动，并且每年调整。飞行小时收费不含税。如果公司替客户为所有支援的周转件报关，并且处理进口和出口事务，客户应承担额外的进出口费用。从第 11 架飞机一直到第 15 架飞机，公司应提供每年 2% 的飞行小时收费折扣。客户应在下一年使用公司给客户的该服务折扣。

如果飞机处于双发飞机延程状态飞行，双方应互相协商支付给公司提供双发飞机延程支援的额外费用。如果支援使用年限不同的飞机，费用应根据单架飞机使用年限分别计算。飞机的使用年限应从首次交付日期算起，除以365，取最接近的整数。基本月飞行时间应是250小时。为了计算基本月元件服务收费，从合同开始的第二、第三、第四年开始，飞机数目最少应为4、9、15。基本月元件服务费用计算如下：基本月飞行小时乘以飞机数量，再乘以按飞行小时数计算的单架飞机的总元件费用额，计算公式为：

$$MF = FH \times AN \times FHF$$

上式中，MF为基本月元件服务收费，FH为基本月飞行小时，AN为基本月飞机数量，FHF为按飞行小时数计算的单架飞机的总元件费用额。

4.2　寄售库存收费。

寄售库存收费包括在元件飞行小时收费之中。客户应提供协助确保所有公司提供的寄售库存合法地定位公司的财产。

4.3　公司的额外收费。

除了那些覆盖在元件飞行小时费内的收费，还应包括以下服务费。

4.3.1　超出经济修理范围和废弃。

如果修理元件的费用超过其MLP（制造商价格清单是指部件制造商的最新报价）的65%，并且客户决定继续进行维修，客户将支付元件MLP的65%与实际维修成本之间的差价。如果修理元件的费用超过其MLP的65%，并且不维修该元件，公司将购买一替代件，并且客户支付公司少于65%元件MLP的购买价格。如果客户对元件误操作或处理不当，该条款则不适用，客户应完全负责修复元件，使其完全可用。

4.3.2　不包括在飞行小时收费内的元件的供应。

租赁费。1天至20天：MLP的0.6%。超过20天：MLP的1%。如果有，则再加上重新认证、运输以及保险的费用。

交换。MLP的10%，再加上大修/维修、运输、保险以及重新认证的费用。

销售。双方事先协商好的价格，加上运输和保险的费用除了公司基本库存。

公司支出的实际维修价格，加上交易价值10%的代理费。

4.3.3　其他。元件的维修以及归还费用，不包括在元件飞行小时费内。

客户要求对元件进行修改来代替陈旧的元件，按照公司产生的真实费用收费。运输按照公司产生的真实费用收费。

4.4 激励机制。

为了保持所提供服务的效率，应根据以下机制提供奖金。

4.4.1 归还不可用件。

客户应在附录中详细规定的两个工作日之内将不可用件归还给公司。如果在执行合同的一年中，平均归还时间超出了上述规定的时间，平均归还时间超出指定规定时间的天数，每天客户应支付给公司那一年每一飞行小时的一定费用。

4.4.2 未发现故障。

上述元件服务收费是基于在执行合同的第一年，30% 拆换件未发现故障，在执行合同的第二年，20% 的拆换件未发现故障。如果在执行合同的那一年中的任意一个月，维修机构报告的真实未发现故障率大于上述规定，客户应支付公司重新认证费用以及未发现故障元件 5% 的处理费。对那些未发现故障进行评估，那些未发现故障由原始设备制造商来认定或根据机内测试设备对该元件测试报告，相关的飞行后报告不包括在内。

4.4.3 损坏元件。

任何客户归还的元件，发现由于偶然事故、误操作或误处理而损坏，公司将收取真实的维修费、重新认证费以及运输费。

4.4.4 未使用元件。

如果公司需要元件来支援客户，该元件不能满足基本库存的要求，并且同样件号的元件已经给客户了，但还没有安装到飞机，公司应要求将未使用的该元件返还给公司。

4.4.5 对未能满足服务等级的罚款。

基于本协议规定的服务等级，定义该月百分比的罚款如下。

罚款百分比的计算。首先，各种重要性元件的不足（以百分比的形式呈现），未能满足服务等级定义；其次，将不足率进行平均，得到罚款率。在上述假设中，罚款率是 1.5% （1% 和 2% 的平均数）。

降低飞行小时收费。该月如有罚款率，则按每 1% 的罚款率，该月的基本月元件服务费将降低 0.5% ，直至最高为所支付的基本月元件服务费的 7.5%。

参考文献

[1] Arnold S, Harmon B, Rose S, et al. Valuing the Cost of an Economic Price Adjustment Clause to the Government [J]. Defense Acquisition Research Journal: A Publication of the Defense Acquisition University, 2013, 20 (2): 174 - 193.

[2] Bilotkach V, Gaggero A A, Piga C A. Airline pricing under different market conditions: evidence from European Low - Cost Carriers [J]. Tourism Management, 2015, 47: 152 - 163.

[3] Blu Putnam. 美国国债收益率的影响因素 [N]. 原欣亮, 译. 期货日报, 2015 (3).

[4] Chen W, Feng Q, Seshadri S. Inventory - Based Dynamic Pricing with Costly Price Adjustment [J]. Production & Operations Management, 2015, 24: 732 - 749.

[5] Chen X, Hu P. Joint pricing and inventory management with deterministic demand and costly price adjustment [J]. Operations Research Letters, 2012, 40 (5): 385 - 389.

[6] Ferry G J. Cost Growth Above Inflation (CGAI) in Operating and Support (O & S) Costs in Raw Materials for Air Force Aircraft [R]. Air Force Inst of Tech Wright - Patterson AFB OH Graduate School of Engineering and Management, 2013.

[7] Fitzpatrick W M, DiLullo S A. Strategic alliances and the management of intellectual properties: The art of the contract [J]. SAM Advanced management journal, 2005, 70 (3): 38 - 45.

[8] Gneezy A, Gneezy U, Nelson L D, et al. Shared Social Responsibility: A

Field Experiment in Pay – What – You – Want Pricing and Charitable Giving [J] . Science, 2010, 329 (5989): 325 – 327.

[9] Johnson J W, Cui A P. To influence or not to influence: External reference price strategies in pay – what – you – want pricing [J] . Journal of Business Research, 2013, 66 (2): 275 – 281.

[10] Kashi V P. Developing a Should – cost Model to Predict Display Pricing in Smart civil aircrafts [D] . Corvallis: Oregon State University, 2015.

[11] Leonard, Barry, et al. GAO Cost estimating and assessment guide: best practices for developing and managing capital program costs [M] . Darby: Diane Publishing Company, 2009.

[12] Lerner J, Merges R P. The control of technology alliances: An empirical analysis of the biotechnology industry [J] . The Journal of Industrial Economics, 1998, 46 (2): 125 – 156.

[13] Lerner J, Shane H, Tsai A. Do equity financing cycles matter? Evidence from biotechnology alliances [J] . Journal of Financial Economics, 2003, 67 (3): 411 – 446.

[14] Lim Y, Kim J Y, Berg N. Price asymmetry revisited from a marketing perspective [J] . Economic Modelling, 2015, 49: 314 – 319.

[15] Mardaneh E, Caccetta L. Impact of price – adjustments costs on integration of pricing and production planning of multiple – products [J] . Optimization Letters, 2015, 9 (1): 119 – 142.

[16] Miraldo M, Siciliani L, Street A. Price adjustment in the hospital sector [J] . General Information, 2011, 30 (1): 323 – 325.

[17] Newnes L B, Mileham A R, Cheung W M, et al. Predicting the whole – life cost of a product at the conceptual design stage [J] . Journal of Engineering Design, 2008, 19 (2): 99 – 112.

[18] Robinson D T, Stuart T E. Financial contracting in bio tech strategic alliances [J] . Journal of Law and Economics, 2007, 50 (3): 559 – 595.

[19] Schwenk A E. Escalation in for Employee Compensation a Guide for Contracting Parties [J] . Compensation and Working Conditions, 1997, 2 (2): 3 – 14.

[20] 陈兵，栾绍东，杨震．美国国债市场和中国股票市场的相关性研究——以美国十年期国债和上证综合指数为例［J］．北方经贸，2013：84－86.

[21] 陈伯乐．“静态控制、动态管理”模式下水电工程项目投资控制研究［D］．天津：天津理工大学，2010.

[22] 干瑾．关于欧盟第七框架计划中科研经费管理制度的研究［D］，上海：华东理工大学，2014.

[23] 龚克．FIDIC 合同中调价公式在国际承包工程中应用研究［D］．重庆：重庆大学，2009.

[24] 何曼骆．10 年期国债期货上市－完善国债收益率曲线［J］．中国金融家，2015，5：114－115.

[25] 黄菊，赵茜倩，潘习龙．新医改政策下医疗服务的价格模型［J］．中国医院管理，2009，29（4）：18－20.

[26] 姜纪果．FIDIC 合同条件下价格调整实践［J］．中国招标，2014，(29)：27－33.

[27] 金春林，王惟，龚莉，等．我国医疗服务项目价格调整进展及改革策略［J］．中国卫生资源，2016，19（2）：83－86.

[28] 李海宾．我国劳动力价格变化与经济增长的实证分析［J］．中国劳动，2015（14）：4－9.

[29] 李靖，蒋士成，费方域．不完全合同下企业研发外包的控制权配置研究——基于研发路径转移的视角［J］．科学学研究，2012，30（11）：1715－1722.

[30] 李靖，蒋士成，费方域．学术价值与商业价值：企业研发外包中的终止权配置研究［J］．经济研究，2013（3）：148－160.

[31] 李磊，夏景林，罗力．RBRVS 在公立医院薪酬分配改革中的应用分析［J］．中国医院管理，2014，34（11）：42－45.

[32] 李之明，刘增辉．装备审价工作初探［J］．中国军转民，2013，(2)：54－55.

[33] 刘洪亮．经验曲线理论在装备价格管理中的应用［J］．军事经济研究，2011：35－36.

[34] 刘康．PPI、CPI 传导机制研究［J］．国际金融研究，2014（5）：

24－30.

［35］刘重．浅谈军品定价中各项费用的审核［J］．中国军转民，2013，2（2）：61－62.

［36］鲁献忠，谭琳琳，许梦雅．医疗服务项目成本核算方法探讨［J］．卫生经济研究，2014（12）：51－53.

［37］鲁献忠，许梦雅，谭琳琳．2012 年版医疗服务价格项目构成因素权数计算方法研究［J］．中国卫生经济，2013，32（9）：42－44.

［38］吕文学，等．国际工程中建筑材料价格的风险管理［J］．国际经济合作，2009（8）：47－49.

［39］齐杨，柳欣．利率变动与通货膨胀［J］．经济学动态，2011，3：75－79.

［40］屈强．水雷软件定价方式比较研究［J］．四川兵工学报，2013，34：86－88.

［41］史兹国．中美国债收益率相关性检验［J］．中央财经大学学报，2014，1（4）：42－48.

［42］托德·沙利文，郎菲．供应链质量——审核与评审［J］．中国质量，2013（5）：16－18.

［43］王柏程．国债价格影响因素的理论与实证研究［D］．天津：南开大学，2013.

［44］王海银，金春林，王惟，等．上海医疗服务价格比价体系构建［J］．中华医院管理杂志，2015（8）：627－630.

［45］王金妹，丛林．知识产权权属分配视角下企业研发外包的激励机制设计［J］．福建论坛（人文社会科学版），2013，（11）：11－15.

［46］王向星．企业知识产权的价值如何在产品价格中体现［J］．企业研究，2014，18：9－10.

［47］魏刚，艾克武．武器装备采办合同管理导论［M］．北京：国防工业出版社，2005.

［48］温刚，李峰，尹相平．工程量清单计价对装备购置项目投标报价的启示［J］．招标采购管理，2015（5）：44－50.

［49］夏旭．国家科技重大专项资金的企业管理实践［J］．商，2014（11）：19.

［50］杨本平．对国际工程合同调价公式的探讨［J］．国际经济合作，1994

(1)：56－58.

[51] 杨敏．装备价格动态监控刍议［J］．军事经济研究，2011（08）：55－57.

[52] 赵洪海．军品价格审查工作中小时费用率的研究［D］．北京：北京交通大学，2009.

[53] 赵书晋．“三级审价”制度在物资采购工作中的监管作用［J］．科技与企业，2014（23）：51.

[54] 祝尔坚，尚闯兵，汤传琦．军事装备采购价格机理研究［J］．军事经济研究，2012（08）：41－44.

[55] 马援．成为深受客户信赖的终身服务提供商——访波音民用飞机集团中国事务副总裁庄博润和波音中国支援部总监潘迈克［J］．国际航空，2008，11（2）：23－24.

[56] 刘跃．罗克韦尔·柯林斯推出“航材发付”100（Dispatch 100）服务解决方案［J］．国际航空，2008，(2)：24.

[57] 陈国焉．浅谈发动机包修小时费率年度调整［J］．航空维修与工程，2013（1）：81－83.

[58] 马肇兴．一种新兴的民用飞机产品支援模式——FHSSP［J］．产业与科技论坛，2015，11：38.

[59] 林龙祥．发动机按小时包修合同的探讨［J］．航空维修与工程，2014（1）：48－50.

[60] 许钟．飞机起落架可靠性评估的一种方法［J］．南京航空航天大学学报，1993（4）：143－149.

[61] 迟长春，李奎，岳大为．基于故障树分析法的建筑设备可靠性分析［J］．电器与能效管理技术，2007（18）：5－7.

后 记

本书系上海理工大学副教授于谦龙及中国商飞集团财务公司总会计师陈林研究员长期合作的研究成果。

相关研究获得2016年度上海市软科学研究计划重点项目（16692108300）“大飞机产业配套服务的价格机制研究”的资助，并获得2018年度上海市高原学科管理科学与工程建设项目、上海市会计学会重点课题（SHKJ2018ZD01）“供应商审计理论、方法研究与实践”，以及国家自然科学基金项目（71871144）“产业互联‘智造’供需网的结构、演化及其动力学研究”的资助。阶段性成果已获2017年全国国有企业财务管理优秀成果一等奖。

书中案例涉及多个行业和企业，已经做了必要处理。研究过程中，得到了中国商用飞机有限责任公司的彭奇云、叶松、刘巧云、王海、林文进、孙蕾、任旭欢、马亚蒙的支持，在此表示感谢，并感谢上海理工大学管理学院的宋良荣、汪维、周溪召、陈明艺、龚德风、顾晓安、何强、仲伟冰、陈志勇、何建佳等老师的帮助，感谢南京信息工程大学王让会教授、上海立信会计金融学院顾晓敏教授、清华大学肖星教授、上海交通大学江志斌教授给予的指导，感谢沈燕女士的帮助与支持。

两位作者的分工是，第一作者主要负责全文撰写；第二作者主要给予总体指导，特别是在书中的一些难点问题上给出可操作性的解决建议。

书中若有不足之处，还望读者不吝赐教。